KiWi 506

Maxim Biller

Harlem Holocaust

Mit einem Nachwort von
Gustav Seibt

Kiepenheuer & Witsch

1. Auflage 1998

© 1990, 1998 by Verlag Kiepenheuer & Witsch, Köln
Alle Rechte vorbehalten. Kein Teil des Werkes darf in irgendeiner Form
(durch Fotografie, Mikrofilm oder ein anderes Verfahren)
ohne schriftliche Genehmigung des Verlages reproduziert
oder unter Verwendung elektronischer Systeme verarbeitet,
vervielfältigt oder verbreitet werden.
Umschlaggestaltung Maxim Biller
Umschlagmotiv Pavel Reisenauer, Prag
Gesamtherstellung Clausen & Bosse, Leck
ISBN 3-462-02761-1

Harlem Holocaust

Wir saßen wie fast jeden Samstag mittag im *Klub Maon*, und Warszawski, der immer so tat, als ob er um ein Haar deportiert worden wäre, ließ seine Hand auf Inas Knie fallen. Es war das Knie der Frau, die vor einigen Jahren seine Romane in Deutschland bekannt gemacht hatte. Daß es in ihnen allein um Warszawskis Überlebendenselbsthaß ging, hatte sie in ihrer inzwischen eingestellten Rubrik *Rezensionen aus Übersee* immer nur am Rande vermerkt. Ina war von Anbeginn viel mehr von den komplizierten Erzählstrukturen des New Yorker Schriftstellers und Linguistikprofessors begeistert, und der wiederum legte jetzt noch größeren Wert auf ihre Beine. Seine Hand rutschte also hoch, am Strumpf entlang, die Finger blieben kurz am Saum ihres braunen Seidenrocks hängen, um schon bald ganz darunter zu verschwinden. Ich sah verzweifelt zur Seite, mein Kopf fühlte sich so luftig und heiß an wie ein Heliumballon – aber ich hatte gegen Warszawski keine Chance, weil im nächsten Augenblick die Hand Inas Oberschenkel verließ und auf meinen zuschoß. Er drückte zu, ich seufzte erschrocken unter dem Klammergriff auf, und da sagte er schon: »Deutsches Fleisch ist gutes Fleisch …« Ich hielt den Atem an. Bei dem Wort »Fleisch« habe ich immer noch diese schauerlichen Assoziationen. »Hat natürlich«, sagte Warszawski wie zum Trotz, »auch so einen süßlichen Geschmack und Brandgeruch.« Und dann schmatzte er, er suhlte sich förmlich in seiner Anspielung, weshalb ich so gleichgültig wie möglich zurückgab: »Woher wissen

Sie das, Gary, ich meine, daß Menschenfleisch süß schmeckt und süß riecht?« »Woher wissen Sie das ... woher wissen Sie das, Gary«, machte er mich laut und schnell nach und sagte lachend: »Bestimmt nicht von Freitag und Robinson!« Dann kniff er mich noch einmal, und seine Hand flog wieder unter Inas Rock. »Darf ich vorstellen: Ina Teutonia Polarker, meine Muse und Möse«, sagte der große Warszawski. Er zog die Hand heraus, schnupperte mit vernebeltem Blick daran, und während schon wieder etwas in mir erstarb und der Heliumballon an Höhe gewann, fauchte er: »Stell dich nicht so an, Fritz!« Er drückte, obwohl ihm das schwerfiel, das »r« dreifach, vierfach gebrochen über seine amerikanisierte Zunge, so daß dieses dämliche pseudo-preußische »Frrritz!« draus wurde, das man von Hollywood-Nazis kennt – und das »i« kam auch noch so dumpf, so von unten, wie aus einem Karikatur-Kyffhäuser. »Stell dich nicht so an, Frrritz!« Er hielt mir den Finger unter die Nase, aber der roch natürlich nach nichts.

Ina Polarker heißt nicht Teutonia, ich heiße nicht Fritz. Meine Eltern stritten sich lange wegen meines Namens, und zum Schluß gewann meine Mutter, sie nannte mich gegen Vaters Willen Efraim. Immerhin stammt sie aus einer Familie mit Oppositionsgeist: Großvater Glückler fand Hitler vulgär und rettete vor Göring eine größere Expressionisten-Sammlung. Zu mehr Widerstand hatte es zwar nicht gereicht, man versteckte keine Juden und druckte keine Flugblätter, aber wenn mir manchmal Zweifel an den glorreichen Glücklers kommen, denke ich ganz einfach an die Rosenhains: Der Vater meines Vaters schrieb abwechselnd mit Werner Höfer im *12-Uhr-Blatt* gegen jüdisch-amerikanischen Kulturbolschewismus an und verfaßte steife Übermensch-Oratorien, die er selbst zur Aufführung brachte. Sein Bruder Georg galt zwar im Gegensatz zu meinem Großvater nicht als musischer Mensch, aber immerhin war es ihm ein Vergnügen, im Berliner Prinz-Albrecht-Palais Kommunisten, Homos und Juden zum Singen zu bringen. Es wäre jedoch verkehrt, es lediglich als Ironie des Schicksals anzusehen, daß ich, der Enkel und Großneffe solcher Typen, ausgerechnet Efraim Rosenhain heiße. Dies war, wie gesagt, der Wille meiner Mutter, und immerhin hieß einer von denen, die in Nürnberg aufgeknüpft wurden, Alfred Rosenberg. Auch das kein Zufall, sondern Bestimmung – davon bin ich fest überzeugt.

Was für eine Sippschaft! Einmal, vor Jahren, brachte ich meine damalige Freundin Eve – Eve Lurie – zu einem denkwürdigen Abendessen mit. Das war lange vor unserer Trennung, die Eve in ihrer hysterischen Art eines Tages urplötzlich vollzog, weil sie, wie sie sagte, mit so einem materialisierten Stück deutscher Geschichte wie mir auf Dauer einfach nicht leben, schlafen und essen konnte. Sie hatte natürlich recht. In jener Zeit wurde mir übrigens auch zum ersten Mal bewußt, daß die Schwindelanfälle und Zerrbilder, die mich seit der Pubertät immer häufiger heimsuchten, keinesfalls von einem körperlichen Gebrechen herrührten. Dieses phantasmagorische System hatte ich wohl schon bei der Geburt als innere Anlage mitbekommen, und es dauerte eben eine Weile, bis sich meine Empfindsamkeit, meine Gier nach Schuld und Entsühnung vollends entfalten konnte ... Eve verließ mich also, die schöne Tochter von Jud Süss – und prompt war mein Luftkissenhirn, stärker als je zuvor, von diesem Dunstschleier aus Nichts umhüllt, so durchsichtig und vergänglich wie eine Träne. Auch die Migränen kehrten nach der Trennung von Eve wieder, worauf ich eine bestimmte Sorte von Tabletten einzunehmen begann, die mich einerseits von den Schmerzen entlasteten, andererseits aber den Schwindel und die damit verbundenen Trugbilder offenbar noch verstärkten. Dabei machte mir das ja auch Spaß, es war eine verzweifelte Spielerei, die mich dazu antrieb, mir mein Leben anders und besser und glaubwürdiger vorzustellen, was immer funktionierte und manchmal sogar so weit ging, daß ich mir, zum Zeitvertreib nur, etwa auf der Straße die Gesichter der Passanten in surrealistischer Manier zurechtbog – als Betonquader, als Zifferblatt, als Tierfratze, als Apfel oder Mandarine ... Ich lebte dann eine Weile als Efraim im Wunderland, das half beim Vergessen, und irgendwann war alles wie früher, alle sahen normal aus, und was von dieser Zeit übrigblieb, war eine bessere Medikamentenkenntnis und die Einsicht, daß ich ein Seiltänzer war, der gelernt hatte, ein paar seltsame psychische Zustände nicht als erschreckende Krankheitssymptome zu deuten und zu erleiden, sondern, im Gegenteil, sich ihrer therapeutisch zu bedienen.

Selbstverständlich hatte die Trennung von Eve weh getan. Aber ich nahm ihr das ganze nicht wirklich übel, wußte ich doch gleich zu Anfang, mit wem ich es zu tun hatte. Eve war nach der Schule von Paris nach Israel gezogen, wo sie sich in der Armee, während der zwei langen Pflichtjahre für Mädchen, immer und immer wieder von israelischen Soldaten entjungfern ließ, und zwar deshalb so oft, weil – das waren Eves eigene Worte – so was bei einer Prinzessin niemals auf einen Schlag geht. Eves Geschichten ... Ihre Mutter, erzählte sie, sei als Kind im KZ gewesen, und da KZ immer so martialisch, aber anonym klingt, fragte ich nach dem genauen Ort. In Theresienstadt, erwiderte sie kleinlaut, denn sie wußte so gut wie ich, daß Theresienstadt, das Vorzeige-Lager der Nazis, alles andere als ein KZ gewesen war, fast schon ein Paradies auf Erden, verglichen mit den Vernichtungsstätten von Sobibor, Auschwitz und Majdanek.

Eve, die Plaudertasche, war auch ein Chamäleon: Auf Fotos sah sie mal wie eine naturfarbene Israelin aus, mal wie eine fleißige Pariser Tweedkostüm-Sozialistin, mal – im indischen Blumenkleid, mit schwarzen Ringen um die Augen – wie ein unterernährtes deutsches Kulturgroupie und dann wieder, auf dem einen unglaublichen Bild, das ihr erster und bisher einziger Mann Chaim von ihr in Florenz gemacht hatte, wie eine sehr reiche und sehr geschminkte deutsche Upperclass-Jüdin, in einem hellen, fast weißen Nerz, ein starres Grinsen unter der frisch operierten Nase. Die Zeit bei Chaim übrigens, der es mit drei Jeansgeschäften in zehn Jahren offenbar zu mehr gebracht hatte als die Rosenhains mit einer Baumaschinenfabrik in einem ganzen Jahrhundert, war für Eve sehr deprimierend. Sie spielte eine Weile das Unwissenden-Spiel seiner neureichen Freunde und Verwandten aus der Gemeinde mit, bis sie sich irgendwann darauf besann, daß ihre Sozialisation einem kosmopolitisch-jüdischen Bildungsbürgertum linker Observanz entsprang und nicht den kryptofaschistischen Mazzeknödel-Phantasien eines Haufens polnischer Juden, die im Adenauer-Deutschland lesen und schreiben gelernt hatten. So und nicht anders beschrieb sie es mir jedenfalls immer wieder. Ich bekam oft Eves Haß auf diese Leute mit, die ihr, so sagte sie stereotyp, drei Jahre ihres Lebens genommen hatten. Als ich es einmal wagte, aus Solidarität in ihre Beschimpfungen einzustimmen, gab sie mir eine Ohrfeige und knurrte: »Das darf nur ich!« Mir wurde von dem Schlag schwindlig. Statt ihr die Meinung zu sagen, verschluckte ich mich und hustete mich frei. Was konnte ich einer wie ihr schon entgegnen? Diese Eve, die eine schmale, neurotische Figur hatte, erklärte mir doch dreimal am Tag, sie habe, als sie nach Deutschland kam, sofort den ganzen Horror gespürt, und wenn in einem Straßenschild oder einer Ladeninschrift ein K als Versal auftauchte, habe sie sich das Z sogleich dazu gedacht ...

Und warum verließ Eve den Spießbürger Chaim und floh zum leidenden deutschen Tätersohn Efraim Rosenhain? Der liebte sie über alles und nahm sie dann also an diesem Abend mit nach Hause, zum Essen, hatte aber nicht bedacht, daß Sonnabends meistens Großfamilientag abgehalten wurde. So mußte Efraim seine Jüdin auch den verstockten Rosenhains vorstellen, und es war natürlich die Großmama, die, als Mutter im Spaß von Heirat zu reden begann, im Ernst Bismarck zitierte: »Es ist gut, daß wir unser Blut mit dem einer jüdischen Stute auffrischen werden ...« Ich erwiderte nichts darauf, aber auch niemand anders gab sich mit dieser Bemerkung ab, und als mich Eve, deren Deutsch damals noch nicht gut genug war für jede Feinheit, später fragte, was eine Stute sei und mir daraufhin vorwarf, ich hätte sie verteidigen müssen, erklärte ich zögernd, daß mir Widerstand, aufgrund meiner familiären Herkunft, nur halb in die Wiege gelegt worden sei, und an diesem Abend wäre eben die miese Hälfte am Zug gewesen.

Dieser Hundsfott von Warszawski! Er fuchtelte mir immer noch mit seinem Finger vor dem Gesicht herum, machte damit Spiralen und Kreise, was meine Benommenheit und das laue Fahrstuhlgefühl nur verstärkte. Er schnaufte und grinste, er schüttelte seinen runden, kurzen Oberkörper, und ich erkannte ganz deutlich, wie er dabei die großgewachsene Ina mehrere Male absichtlich mit der Schulter in die Seite schlug. Sie wankte und zitterte, aber obwohl sie nach einem dieser heftigen Stöße beinahe vom Stuhl gefallen wäre, ging sie trotzdem nicht auf Distanz zu ihm, und während er, als menschlicher Dampfkolben, weiter und weiter auf seinem Platz herumrotierte, rutschte sie immer näher an ihn heran ... Dann kam die Kellnerin, und endlich ließ er von uns ab.

Ich nahm, wie gewohnt, gehacktes Ei und einen Kalbsbraten mit Buchweizenbrei, Ina wollte nur Salat, und Warszawski bestellte Bouillon mit Reis und Tschulent. »Die Krone unserer Küche«, sagte er laut, »das braune Juwel aschkenasischer Gastronomie.« Die Kellnerin lächelte höflich, und die Kaufhausbrille mit der hellblau eingefärbten Fassung ging dabei auf ihrer verschwitzten Nase wie ein Wellenreiter auf und ab. »Was ist heute drin?« fragte er sie. Er beugte sich vor und streckte den Hals aus, den Kopf nur ein paar Zentimeter von ihrem flachen Bauch entfernt. »Kischke, Bohnen, Gries, gekochtes Fleisch und Kartoffeln«, sagte sie schüchtern. Dann aber schob sie die Brille hoch und schnaubte: »Was für eine Frage ...« »Eine Testfrage«, sagte Warszawski. »Man weiß doch nie, ob man es mit anständigen Amchu oder irgendwelchen dreckigen Chasaren zu tun hat.« Er brach in ein autistisches Gelächter aus, und die Kellnerin sah ihn erschrocken an.

Warszawskis Mund hatte sich mit Luft gefüllt, seine Wangen formten sich zu einem Blaseblag, und ich erblickte die karamelfarbenen Kunstzähne des Sechzigjährigen, aufmontiert in dieser geraden, geschlossenen Gipsreihe, die mich immer an das Schlimmste erinnerte. Seit den Tagen des Fassbinder-Skandalons ging mir nämlich nie mehr das eine Bild des Vorsitzenden der Frankfurter Jüdischen Gemeinde aus dem Sinn, das damals in einer Tageszeitung abgedruckt worden war: Auch aus dem Mund jenes Mannes hing ostentativ eine häßliche, amorphe Ballustrade künstlicher Zähne heraus. Zu der Fotografie gehörte natürlich auch eine Reportage. Ich habe sie seinerzeit sehr aufmerksam gelesen und nicht vergessen, wie effektvoll darin auf das Märtyrerdetail hingewiesen wurde, daß der gegen das Theaterstück ankämpfende Gemeindevorsitzende nicht nur mehrere Vernichtungslager überlebt hatte, sondern während dieser Passion auch noch durch einen kräftigen deutschen Tritt das komplette Gebiß verlor. Natürlich, überlegte ich, hatte er genug Geld, sein auffällig schlechtes Provisorium, das ihm in den Nachkriegsmonaten amerikanische Militärärzte verpaßt hatten, durch ein teures, schönes Stück zu ersetzen. Und natürlich wollte er das nicht ... Das Schlimmste, das Allerschlimmste, hatte sich im Osten in einer längst anderen Zeit zugetragen, aber ich war so einfältig, bei einer jüdischen Zahnprothese immer gleich an den Himmler oder Mengele in mir zu denken.

Dabei hatte mein Warszawski mit Karies bestimmt mehr Probleme gehabt als mit den Nationalsozialisten. Er war bereits Anfang der dreißiger Jahre als Kind nach Amerika gekommen; seine Eltern hatten lange vor dem 30. Januar 1933 alles verstanden. Der Vater war Anästhesist an der Berliner Charité gewesen, die Mutter machte Bühnenbilder für die UFA-Studios. In New York gab es für die Warszawskis schnell Arbeit, beide konnten sie ihre alten Berufe wiederaufnehmen, er bekam eine Anstellung in einer Klinik in der Upper Eastside, sie arbeitete frei an kleineren Theatern. Für Gegenwart und Zukunft war also gesorgt, aber die Erinnerung blieb: Warszawskis Eltern sprachen mit ihrem Sohn nur deutsch, sie verkehrten vorwiegend mit den Emigranten aus Yorkville und Washington Heights, und sie wurden immer ganz sentimental, wenn die Rede auf Deutschland kam. Warszawski ertrug »dieses verblendete und rückwärtsgewandte Nostalgie-Brimborium« nicht, er haßte ihre »Rilke-Bände, Heine-Zitate und George-Grosz-Reproduktionen, ihre allwöchentlichen Stammtische in der ›Kleinen Konditorei‹ in der 86. Straße, wo sich die Stillen und Mediokren um die Lauten und Eingebildeten scharten, das Fußvolk der dritten Diaspora um die Gojim Graf und Brecht, wo selbstverliebter, romantisch-aufklärerischer Intellektualismus regierte, die Erinnerung und nur die Erinnerung, aber niemals ein Plan«. So beschrieb es Warszawski in seiner im *Merkur* erschienenen autobiographischen Skizze *It Is Mein Leben,* und dort war es auch, wo er verriet, wie er sich vor dem Lebensgefühl seiner Eltern in die pathetische, aber aufrichtigere Welt seiner schwarzen New Yorker Freunde geflüchtet hatte, ein Beatnik lange vor Cassady, Orlovsky und Kerouac, befreit »von diesem dumpfen, sinnlosen, mitteleuropäischen Schnickschnack. At least for a while.«

Warszawski, der Literatur-Kissinger: Am liebsten rieb er die glorreiche amerikanische Ideenfreiheit seinen neuen westdeutschen Freunden unter die Nase, Leuten also, die, wie er behauptete, allesamt hoffnungslos davon überzeugt waren, daß Europa zwar einerseits die ganze Welt mit einer Menge Blut und Scheiße überzogen hatte, andererseits aber den von ihm Geknechteten und Besiegten kulturell überlegen war. »Ich, der amerikanischste Amerikaner, den es jemals gab«, pflegte Warszawski zu sagen, wobei er, wohl um seine Zuhörer noch ein wenig mehr aufzurütteln, die Augen weit aufriß, »weiß immer, im

Gegensatz zu euch, was gut und was schlecht ist, und ich kann mich danach auch richten. In meinem Land regiert die Geradlinigkeit in der Erkenntnis und in der Tat. Wir Amerikaner wissen jedesmal ganz genau, was es ist, wofür wir uns entschieden haben. Wenn wir böse sind, sind wir böse. Wenn wir gut sind, sind wir gut. Wir kennen keine degenerierten Abgründe, keine Verstocktheit, kein Zaudern. Der Zweite Weltkrieg war ein guter Krieg, und das machte uns stolz. Der Vietnamkrieg war ein schlechter Krieg, er hat uns Spaß gemacht, dann weh getan, und dann haben wir uns selbst besiegt.« Warszawski drehte sich von seinen Zuhörern weg und schwieg so lange, bis sie die bedrohliche, salbungsvolle Kunstpause, die der große Mann entstehen ließ, nicht mehr aushielten und einer von ihnen, zum Beispiel, sagte: »Wir nicht?« Warszawski war plötzlich furchtbar müde. Er hob und senkte langsam seine großen Lider mit den langen, grauen Wimpern. »Nein, ihr nicht. Ihr seid Ästheten. Ihr seid verbohrt, ihr grübelt. Ihr sterbt, und ihr wollt wissen warum. Ihr glaubt nicht einmal an die Bücher, die in eueren Regalen stehen.« Warszawski nickte. »Ihr habt Amerika entdeckt, aber wir haben es erfunden«, sagte er in die ernste, schweigende Runde hinein. »Wir können euch den letzten Scheiß erzählen, und ihr glaubt ihn uns trotzdem ...« Diesen Satz sprach er auch noch mit allem ihm zur Verfügung stehenden Ernst aus, aber dann hielt es ihn nicht mehr, und er fing in seiner sardonischen, dreckigen Art an zu lachen, er gröhlte und seufzte, schlug die Beine gegeneinander und machte aus seinen dicken, roten Wangen einen Luftballon.

Solche Auftritte hatte Warszawski häufig, und wie ich aus eigener Erfahrung wußte, spulte er jedesmal den gleichen Text ab. Früher, noch vor der Sache mit Ina, fand ich manchmal sogar Gefallen daran, wenn Warszawski uns herunterputzte, uns »nachgeborene Ignoranten«, wie er uns, seine deutsche Claque, immer nannte. Wer wehrte sich dagegen? Bei einem seiner früheren Deutschlandaufenthalte – ein Buchvertrag sollte unterschrieben, die Übersetzung besprochen werden – hatte Warszawski, dessen Holocaust-Romane in Amerika übrigens von der Öffentlichkeit kaum beachtet wurden, in meinem Beisein seinem deutschen Verleger im *Romagna Antica* den folgenden Kurzmonolog entgegengeschleudert: »Wieso ich? Ich weiß es. Sie sind ein verträumter Lügner, es gefällt Ihnen, mich zu haben, weil ich den Tod erlebt habe, indem ich ihm entkam und nun darüber schreibe. Was wollen Sie? Die Absolution? Wir *Juden* tun Christenblut in unsere Mazzes, und wir *Amerikaner* wollen bezahlt werden, wenn wir andere erlösen.« Pause. Warszawski drehte sich weg, wie immer. Der Verleger kräuselte die Stirn über dem apathischen Gesicht. »Das«, sagte er unsicher, wie in Trance, »hatten wir doch, dachte ich, geklärt.« Warszawski erwiderte langsam: »Meine ich Geld? Habe ich von Prozenten gesprochen?« In Zeitlupe gingen seine Lider auf und ab, wie die Flügel eines riesigen Nachtfalters. Er legte dem Verleger, der neben ihm saß, und mir, seinem Übersetzer auf der anderen Seite, den Arm auf die Schulter und sagte weich: »Wie ich euch liebe, ihr nachgeborenen Ignoranten. Euer Denken ist rein, eure Seelen sind klein.« Und dabei blinzelte er Eve zu; sie hatte ihm gegenüber Platz genommen.

Eve, die damals noch nichts gegen meine historische Sozialisation hatte, war mit von der Partie, weil der Verleger seinem Gast das Gefühl geben wollte, er sei nicht allein. Er bat mich, »meine Jüdin mitzunehmen«, und so nahm ich sie also mit, sie war ein Gewinn für uns an diesem

Abend, sie labte mit ihren orientalischen Blicken und Bewegungen den Schriftsteller, sie unterhielt sich höflich mit dem Verleger, verwies im Gespräch zwanglos auf ihre Herkunft, in einem frischen, unaufdringlichen Tonfall – doch leider war das Zwinkern, mit dem Warszawski Eve nun bedachte, während er gleichzeitig seine Bleiarme auf uns deutsche Idioten sinken ließ, kein lüsternes Zwinkern, er machte sie nicht an, und er gab ihr keine geilen Zeichen, wie es sonst bei Frauen seine Art war, und es ist natürlich klar warum. Für diesen einen kurzen Moment waren die beiden, die einander erst seit weniger als einer halben Stunde kannten, unter sich, in einer Welt, zu der wir andern Menschen keinen Zutritt haben. Das Gefühl, das mich damals für die Ewigkeit eines Augenschlags überkam, glich einer Offenbarung, denn ich verstand plötzlich, warum Juden und Christen immer miteinander im Kampf leben mußten und warum sich das auch niemals ändern kann. Aber daran denke ich jetzt gar nicht, ich stelle mir lieber vor, wie Warszawski mir Eve ausspannt – er hat das nie getan, nicht einmal versucht – und wie ich ihm dafür dankbar bin, weil ich sagen kann: Du nahmst mir Eve, laß mir Ina, und töte nicht mein Kind.

Die *Maon*-Kellnerin starrte Warszawski entgeistert an, irgendwann hörte er auf zu lachen, er fing ihren erschrockenen Blick auf, und es sah für ein Weilchen so aus, als wollten sie sich gegenseitig hypnotisieren. Was in Warszawski vorging, kann ich nicht sagen, die Kellnerin aber, glaube ich, hat sehr intensiv nachgedacht. Sie mußte sich fast jeden Samstag mit diesem Menschen herumschlagen, der immer Mätzchen machte, sie wußte nicht, was er wollte, was er von ihr wollte, sie verstand seine Sprache und seine Gedanken nicht. Sie strich sich die schweißverklebten Haare aus der Stirn, und während sie immer noch Warszawski entsetzt musterte, sprach sie leise vor sich hin: »Anständige Amchu, dreckige Chasaren, anständige Amchu ...« Dann hob sie die Stimme: »Sie sind meschigge, wissen Sie das?« Warszawski machte den Mund auf, schloß ihn wieder, ohne etwas gesagt zu haben. Alles war nun ernst an ihm, und er blickte zu Boden. »Also was ist«, sagte die Kellnerin streng, »wollen Sie jetzt Ihr Tschulent oder nicht?« »Natürlich will ich mein Tschulent«, sagte Warszawski. »Und bis es kommt, werde ich meinen Freunden hier erklären, was das überhaupt ist.« »Nein, Gary«, sagte Ina, »nicht schon wieder.« Dabei sah sie aber mich an, und sie tat es so schmerzvoll und fremd zugleich, daß ich einmal mehr begriff, wie endgültig unsere Trennung war.

Warszawski achtete nicht auf sie, und es fiel ihm auch gar nicht auf, daß und wie Ina und ich einander ansahen. Er war mal wieder nur mit sich selbst beschäftigt. »Tschulent«, sagte er ergriffen, mit ironisch-belehrendem Unterton, »Tschulent, lieber Fritz, liebe Teutonia, ist ein typisches ostjüdisches Gericht, welches unsere Hausfrauen allwöchentlich für den Schabbath zubereiten. Bereits Freitag mittags stehen sie in ihren primitiven Küchen, schneiden Möhren, Sellerie und Petersilie, raspeln Lorbeerblätter, waschen Graupen und Bohnen und legen ihre schweren, schwarzen Gußeisentöpfe mit Gänseschmalz aus. Daraufhin werden die Töpfe mit dem geschälten Gemüse gefüllt, es kommt Rindfleisch und Knochenmark hinzu, und von da an kocht unser gottgeweihter Eintopf auf kleinster Flamme die ganze Nacht und einen halben Tag vor sich hin. Doch wenn sich schließlich die Kinder und Ehemänner der Hausfrauen kurz vor dem zweiten Schabbathmahl, vom süßlichen Tschulentgeruch angelockt, in die primitiven Küchen schleichen und begierig die Topfdeckel heben, um schon jetzt etwas von unserem gottgeweihten Eintopf zu kosten, sind sie jedesmal von neuem überrascht, wie großartig ein Essen schmeckt, das wie Scheiße aussieht. Es ist mehr als Physik, es ist transzendentale Alchemie, welche bewirkt, daß all die reinen, gesunden Produkte, die unter niedrigster Hitzeeinwirkung vierundzwanzig Stunden miteinander in einem Gefäß verbringen, zum Schluß dieselbe Farbe annehmen, ein tiefes, freundliches Braun, ein Braun des Lebens, ein Braun der Hoffnung und des Vergehens ...« Er warf einen theatralischen, chassidischen Blick zur Decke, nach oben, in den Himmel, er hielt sich die gespreizten, offenen Hände vertikal vors Gesicht wie eine Chagall-Figur und sagte: »Ob in Galizien, Böhmen oder in der Ukraine, ob in Brooklyn, Buenos Aires oder Mea Shearim – wo Zivilisation ist, finden sich Juden, wo Juden sind, kommt regelmäßig Tschulent auf den Tisch, diese abscheulichste und archaischste Opfergabe, zu der Menschen noch fähig sind ... Ja, das ist die legendäre mosaische Tradition, die Ästhetik und Glitter verachtet, Bilder verneint, aber im Wort und im Bekenntnis die abstrakte Stimme des Wüstengottes hört!« Er senkte die Augen. »Glaubt ihr, ich merke nicht, wie ihr euch die ganze Zeit anglotzt?!«

Wir trafen uns seit ein paar Monaten jeden Samstag um zwei im *Maon* an der Theresienstraße. Der *Maon*, Vereinslokal des jüdischen Sportklubs *Makkabi München*, lag in einem der vielen Atrien eines riesigen futuristischen 60er-Jahre-Baus, der von unzähligen Stiegen, quer laufenden Korridoren aus Glas und offenen Treppen zusammengehalten wurde. Der Kontrast hätte nicht größer sein können, denn unser Restaurant befand sich im dritten Innenhof, in einem flachen, ebenerdigen Anbau, der wie angeklebt wirkte, wie ein zufälliges Provisorium aus ersten Nachkriegstagen. Drinnen hingen überall Wimpel und Fähnchen herum, und es gab eine Menge Plakate mit hebräischen Schriftzeichen und Davidssternen, aber die Einrichtung selbst war so, wie man sie in jeder gewöhnlichen bayerischen Kneipe findet: Stühle mit runden, hellen Holzlehnen, eine einfache Theke und weißblaue Tischdecken überall. Im vorderen Raum, der von drei Seiten verglast war und deshalb bei gutem Wetter in bleichem, gebrochenen Sonnenlicht schimmerte, konnte man essen; hinten, durch eine hohe spanische Wand abgetrennt und unsichtbar gemacht, saßen die Karten- und Schachspieler. Es kamen fast nur alte Leute hierher, Menschen mit schrecklich dünnen Haaren, heiseren Stimmen und zerwachsenen Nasen, mit wäßrigen Augen und großen flaumbedeckten Ohrläppchen. Die Frauen hatten gelbe, ernste Gesichter, die Männer bewegten sich langsam, verfügten aber – saßen sie erst einmal – über eine schnelle, energische Gestik und Mimik. Ein Gruselkabinett, eine richtige Hexenküche also, wurde doch in diesen Wänden außerdem fast ausschließlich Polnisch und Jiddisch gesprochen, und das machte mir am Anfang besonders zu schaffen, weil – so empfand ich es neuerdings – in diesen zwei Sprachen Mord und Tod einander nur so belauerten. Beide hatte ich erst vor einigen Jahren durch Claude Lanzmans *Shoah* kennengelernt, und obwohl ich an diesem Film nicht weniger auszusetzen hatte als an *Holocaust*, weil er – bloß auf andere, intellektuellere Art – ebenso effektheischend war, wurde ich nie mehr die Melodie und Musik jener polnisch-jiddischen Sprachsymphonie los, die von Claude Lanzman darin aufgeführt wurde. Ach ja, Claude Lanzman ... Sein einziges wirkliches historisches Verdienst war, daß er Simone de Beauvoir all die Orgasmen verpaßte, die Sartre ihr schuldig blieb. So jedenfalls erklärte es mir einmal Warszawski, und ich mußte noch lange über diese Bemerkung nachdenken, wobei ich nie dahinter kam, ob Warszawski Spaß gemacht hatte oder ob ihm in gewisser Weise Ernst damit gewesen war, also ob er Lanzman tatsächlich verachtete oder beneidete. Grund genug hätte er gehabt, schließlich mußte er damals noch auf die unschuldsvolle Ruhmes- und Weisheitsgloriole warten, die wir »Gojim« Lanzmann längst umgehängt hatten ...

Natürlich gewöhnte ich mich irgendwann an das makabre und anachronistische Ambiente im *Maon*, an diese Mischung aus gelassenem Alltag und demonstrativer Mumifizierung von Geschichte. Und doch war es absoluter Irrsinn, daß ich mich gerade hier mit diesem Schuft und Ina regelmäßig zum Essen zusammensetzte. Die Idee dazu hatte natürlich er gehabt, kurz nachdem er letztes Mal aus Amerika zurückgekommen war. Ein herrliches halbes Jahr vorher hatte er, im Anschluß an seine erste deutsche Lesereise, für ein paar Wochen bei mir in München haltgemacht, hatte Ina, seine deutsche Entdeckerin, kennengelernt, verführt und danach mir vorgestellt, war daraufhin zu seiner Familie nach New York zurückgekehrt, wo er an der Columbia-Universität Linguistik gab, um nur sechs Monate später plötzlich ein Schriftstellerstipendium aus dem Hut zu zaubern, das ihm die Möglichkeit gab, ein ganzes Jahr ohne materielle Sorgen in Deutschland, in München, im Literaturhaus Leopoldstraße zu verbringen.

Ina und ich hatten mit ihm gar nicht mehr gerechnet, wir liebten uns so sehr, daß ich alles vergaß, Eve, die Benommenheit und die Kopfschmerzen, die Halluzinationen und den großen Warszawski, es ging mir körperlich und innerlich so gut wie seit der Kindheit nicht mehr, als das Leben noch eine einzige heitere Ablenkung war und ich einfach keine Zeit und keinen Verstand hatte, zu grübeln und an meinem *locus minoris resistentiae* zu arbeiten. Als Warszawski dann aber so unerwartet anrief und sagte, daß er kommt, allein, ohne Familie, geriet unsere Hochstimmung in Turbulenzen, wir begannen einander gegenseitig zu beobachten, und ich merkte plötzlich, daß ich niemals wirklich Kontrolle über mich haben würde, weil das – bei meinem Fatum – fast unmöglich war und ich es eigentlich aber auch gar nicht wollte. Bald darauf beruhigten wir uns wieder, auf einmal erschien uns Warszawskis Rückkehr vollkommen unproblematisch, wir lachten nun über uns, über unsere Angst vor dem Schriftsteller, der doch nicht viel mehr war als ein kleiner, böser Mann mit einem großen Kopf voller Ungereimtheiten und Gemeinheiten, dessen Bücher man zwar schätzen mußte, aber niemals ihn selbst, dafür war er viel zu offensichtlich und starr. Und dann kam der Tag, und als Ina sagte, sie müsse Warszawski aus Höflichkeit vom Flughafen abholen, dachte ich noch, alles okay. Ein paar Wochen später war unser Kind tot und ich hatte meinen Drehwurm wieder: Warszawski und Ina sahen sich täglich, und schon bald zog er aus den Gästeräumen des Literaturhauses in ihre Wohnung in der Arcisstraße. Dort schlief er wieder mit ihr, und für mich hatte sie nur noch tagsüber Zeit, Zeit für melodramatische Rendezvous in den Cafés in der Gegend um die TU herum. Manchmal aßen wir auch in der Kantine der Musikhochschule am Königsplatz zu Mittag, und genau hier, in dem früheren Münchener Gestapo-Hauptquartier, erklärte mir Ina, warum sie vor dem amerikanisch-jüdischen Schriftsteller deutscher Herkunft, Gerhard »Gary« Warszawski, so schnell die Waffen gestreckt hatte. Immer wieder mußte ich mir diese Litanei anhören, in der Worte wie »Angst« und »Reue« und »Todeserotik« vorkamen, und einmal habe ich sogar über meinem Tablett mit dem Apfelsaft und den Tortellini in Tomatensoße zu weinen angefangen, aber nicht aus Trauer, sondern weil ich vor so viel Unsinn verzweifelte, einem Unsinn, der aus der Geschichte heraus direkt in mein heutiges, gegenwärtiges Leben hineinragte. »Ich habe mit dem Tausendjährigen Reich nichts zu tun!« schrie ich durch die Kantine. »Und du auch nicht! Du darfst dich doch nicht von ihm erpressen lassen! Ihr Druck wird so nie nachlassen, niemals!« Ich schrie, doch all die entrückten Musikstudenten mit ihren ordentlichen Frisuren und verwaschenen Kaufhaushemden, die um uns herumsaßen, Tonleitern trällerten und Arien intonierten, nahmen keine Notiz von meinem Ausbruch, und ich war dann auch schnell wieder still: Das Brüllen mußte mir einfach vergehen, als Ina noch eins draufsetzte und mir von Warszawskis letzter Lesung im Amerika-Haus erzählte. Dort hatte er zunächst kurzweilig und gutgelaunt über seine verschachtelte Erzählmethode der *surfiction* (wie er sie selbst nannte) doziert und seine geistige Verwandtschaft zu den Autoren des französischen *nouveau roman* und des amerikanischen *cyberpunk* nachgewiesen, um dann – mit einer anfangs sachlichen, klaren Stimme, die sich zusehends verdüsterte und beschlug – die zentrale Stelle aus *Harlem Holocaust*, also dem gelungensten Teil seiner Kleiderschrank-Tetralogie, vorzulesen. Zum Schluß nahm er wie abwesend die engagierten Fragen seines deutschen Auditoriums entgegen und verzog jedesmal schmerzverzerrt das Gesicht, wenn einer übervorsichtig und mühevoll das Wort »Holocaust« aussprach. Dieser Clown! Später gingen sie mit ein paar Leuten in eine Wirtschaft, wo er sehr schnell zu seiner aggressiven Ausgelassenheit zurückfand. Irgendwann ließ er sich von Ina betrunken nach Hause fahren, und mitten in der Nacht war er dann aufgewacht, um nackt vom Balkon herunterzupinkeln, wobei er abwechselnd den *Star Spangled Banner* und das Hitlerjungen-Lied aus *Cabaret* sang. Danach war er ins Bett zurückgewankt, um mit den Worten einzuschlafen: »Ich weiß nicht, wie ich es hier noch elf Monate aushalten soll.«

Ich schüttelte mich. »Du verstehst ihn nicht«, sagte Ina und preßte meine Hand zusammen, die sie unwillkürlich ergriffen hatte. Erschrocken ließ sie sie los. »Du verstehst Gary nicht.« »Wann kommst du zurück?« sagte ich. Sie strich schweigend über meinen Handrücken. »Hör auf, das kitzelt«, sagte ich ungeduldig. »Tut mir leid.« »Wann kommst du zurück?« Sie antwortete nicht. »In elf Monaten?« »Auch nicht in elf Jahren«, sagte sie leise, und ich wußte, daß sie recht hatte, und wir schwiegen, und plötzlich stimmte einer von diesen Idioten an unserem Tisch etwas an, das nach einer besonders schwermütigen Wagner-Passage klang, worauf ich mich zu ihm umwandte und ihn anschnauzte: »Jetzt hören Sie schon auf, Sie Angeber!« Er verstummte augenblicklich, und ich stelle mir jetzt vor, wie ich bei unserem nächsten Jour fixe dem wie immer zu spät kommenden Warszawski mit derselben Entschlossenheit auf den Kopf zu sage: »Sie können gehen, Sie mieser Kriegsgewinnler. Ina gehört mir!«

Ich liebte sie, daß es weh tat. Sie wirkte unscheinbarer, glanzloser als die herrlich jüdische Eve, aber dafür hatte sie viel weniger Haare auf dem Körper und, trotz ihrer

Größe, weichere und charmantere Bewegungen. Ich verstand sie, ich wußte genau, woher sie kam, was sie darstellte und warum sie etwas tat. Sie war lang, bleich, schwarzgelockt, sie war eine von diesen Frauen mit Ehrgeiz und Bildung, die trotzdem einmal im Monat zum Friseur gehen und im Schlußverkauf englische und japanische Designer-Kleidung kaufen. Früher, als wir uns noch nicht kannten, hatte Ina ein sorgloseres Verhältnis zur Form, sie war ein gespaltenes Geisteskind der siebziger Jahre. Zu Anfang nur mit ein Paar *Velvet-Underground*-Platten und einem Warhol-Buch ausgerüstet, wurde sie – nach diesem kurzen Camp-Aufguß – eines der jüngsten Mitglieder bei der jesuitisch denkenden und SSartig organisierten *Marxistischen Gruppe*, deren Schulungen für sie eine Zeitlang das Größte und Aufregendste waren. Auch von Ina gab es alte Fotos, und auf dem einen, das aus ihrer sophistischen Phase stammte, saß sie also, den Oberkörper entblößt, in einem zerfransten Ohrensessel, die Haare fielen glatt, glänzend und langweilig auf ihre geraden Schultern, der Blick ging an der Kamera vorbei, war schwermütig und kokett zugleich ... Und was kam danach? Als Studentin der Philosophie und Germanistik hatte sie es schwerer als andere, sich in den neuen, zielbewußten Zeitton, der sich am Ende des Jahrzehnts Bahn brach, hineinzuknien, aber sie schaffte diesen ideologischen Sprung trotzdem ganz mühelos, was sicher daran lag, daß Ina – deren Haare längst, nach einem Irokesen-Intermezzo, wieder lang, aber in Stufen geschnitten und gewellt waren – eine leichthändige Neugier und Vielseitigkeit hatte, mit der sie ebenso forsch Informationen über die Weimarer Republik, Heidegger und die Strukturalisten sammelte wie über Punk, Malcolm McLaren oder Neville Brody. Trotzdem aber, bei allem sportlichen Sinn fürs Aktuelle, machte Ina ihre ersten journalistischen Schritte (nach der Promotion in Philosophie über Spinozas Exkommunikation) in den normalen Feuilletons, wo sie, das war ihre unverrückbare Meinung, viel genauer und ernster zu Werke gehen konnte als in den neuen Jugendillustrierten. Der Entschluß zahlte sich aus, Ina wurde schnell feste Mitarbeiterin einer großen Tageszeitung mit einer regelmäßigen Sparte in der Wochenendbeilage, die sie erst vor ein paar Monaten aufgab. Inas Rezensionen waren immer fair, beseelt von einer großen Liebe zur Literatur, und was mich besonders beeindruckte, war die unglaubliche Tatsache, daß sie sich prinzipiell weigerte, Verrisse zu schreiben, weil sie fand, daß Destruktion niemanden weiterbringt, weder die Leser noch die Autoren, noch die Kritiker selbst, im Gegenteil, sagte sie, Verrisse seien gefährlichste Entropie, Teil – wenn man so wolle – eines unterbewußten menschlichen Selbstvernichtungsprogramms. Dies dürfe ich, ergänzte sie dann immer, allerdings nicht wörtlich nehmen, sie formuliere so überspitzt, damit ich ihren Standpunkt in seiner ganzen Konsequenz erfassen könne. Nein, das war nicht Hybris und auch nicht akademische Neunmalklugheit, das war Ergriffenheit, das war ein Ernst vor dem Objekt, aus dem Respekt und Gemüt sprachen. Wie konnte es eine Frau ihrer Klasse mit einem Kerl wie Warszawski, der genau andersherum dachte und arbeitete und argumentierte, aushalten? Und wie konnte sie, die Kopfarbeiterin, durch ihn zu jenem abscheulichen Frauentypus mutieren, den Intellektuelle, vor allem Amerikaner, so gerne um sich haben? Ina war plötzlich Arthur Millers Marylin, sie war Nancy Kissinger, ein körperliches Ausstellungsstück, ein langbeiniges, spitzbrüstiges Fleischprofil zum Anfassen, zum Berühren;

eine Lebensgefährtin der kleinen Bemerkungen à la »Bitte nicht, Gary!« oder »Wie süß von dir!«. Aber genau deshalb hatte es eben doch seine Richtigkeit, daß Ina, seit sie mit Warszawski wieder zusammen war, an Gesprächen und Diskussionen, die in ihrer Gegenwart stattfanden, kaum mehr – und wenn, dann sehr kurzsilbig – teilnahm. Und es war auch kein Zufall, daß von ihr seit langem nichts mehr erschienen war, daß sie mir ab und zu anvertraute, lesen langweile sie neuerdings fürchterlich und sie wisse nicht genau, womit das zu tun habe, jedenfalls sei sie zur Zeit so unkonzentriert, daß sie es nicht einmal mehr schaffe, in Ruhe und entspannt fernzusehen oder im Kino einen ernsteren Film ohne Zappeln und Wackeln durchzuhalten. »Ich weiß Bescheid«, sagte ich triumphierend, »du mußt gar nicht weiterreden.« »Nichts weißt du...« erwiderte sie. Ich sagte: »Er hat aus dir ein Dummchen gemacht, du bist jetzt wie diese Sekretärinnen bei Cary Grant und Rock Hudson, die vorher immer so klug ausgesehen haben mit ihren schwarzen Hornbrillen. Aber die nehmen sie dann irgendwann zum Küssen ab, um sie nie wieder aufzusetzen.« Wir saßen – es war das letzte Mal – in der Kantine der Musikhochschule, es war schon spät am Nachmittag, und so befanden wir uns, neben dem italienischen Pächter und seinem halbwüchsigen Sohn, als einzige in diesem riesigen Raum mit der niedrigen Decke. »Es ist genug, Efraim«, sagte Ina. Sie war ernst, und die beiden Falten, die halbkreisförmig von ihrer Nase zu den Mundwinkeln herunterliefen, sahen so unbeweglich und tief aus, als wären sie in ihr weißes Gesicht hineingeschnitzt. »Auf die Art kannst du auch nichts erreichen«, sagte sie dann, und es klang wie eine Belehrung, wie die teilnahmslose Zurechtweisung eines fremden Kindes.

Eine ungangbare Sackgasse? Keineswegs! Wie chaotisch und widersprüchlich das ganze immer noch war, bewies der Umstand, daß wir bei derselben Begegnung, die so aggressiv begann, am Ende sogar ein anständiges Gespräch zustande bekamen. Wir sprachen zwar nicht über uns selbst, nicht über unsere Liebe, aber immerhin war für Momente wieder so etwas wie Seelenverwandtschaft und gemeinsamer Glaube da, und es spielte dabei keine Rolle, ob wir über unseren Alltag, die neue Edition der Tagebücher von Klaus Mann, die erste Generalversammlung des neugewählten Sowjetparlaments oder das letzte *Literarische Quartett* redeten. Zum Schluß sagte mir Ina, daß sie mich nicht mehr treffen könne, sie habe keine Kraft, mit mir allein zu sein, aber wir hätten die Möglichkeit, einander wiederzusehen, weil Warszawski endlich sein Vorhaben mit dem Stammtisch durchgesetzt habe. Er versammle jetzt jeden Samstag eine Runde um sich, und natürlich, das solle sie mir ausdrücklich von ihm bestellen, sei ich dazu auch eingeladen. Wie in Trance willigte ich in die *Maon*-Treffen ein, diese Treffen, denen ich jedesmal in einer Mischung aus Furcht, freudiger Gespanntheit und Zweifeln entgegensah und die aus gesellschaftlicher Sicht fast immer ein Flop waren. Ich ging trotzdem hin, wegen Ina und auch wegen Warszawski. Von seinen deutschen Bekannten war ich übrigens der einzige, der regelmäßig erschien, und die paar Münchener jüdischen Intellektuellen, die es gab und die Warszawski wohl auch kannte, kamen ohnehin nie – ich glaube, sie fürchteten Warszawski, sie waren für seine Tafel in Geist und Temperament viel zu zurückgenommen und distinguiert. »Das sind doch alles Kollaborateure!« war Warszawskis übliche Redewendung, wenn er nach einer halben Stunde feststellen mußte, daß er einmal mehr mit Ina und mir allein bleiben würde. »Diese Vögel vom *Varnha-gen-Verein* und von *Shalom Germania* haben denselben Heucheltrick drauf wie der große Nachmann, nur daß sie mit ihren ganzen Wasserköpfen zusammen nicht annähernd soviel verdienen wie er allein mit der rechten Hälfte von seinem breiten Jecke-Arsch. Jämmerliche, kleinkarierte Kollaborateure! Die Letzten der Letzten! Zuerst blasen sie den Schofar, daß es kracht, dann pissen sie mit den Römern auf die Bundeslade und machen mit ihnen im Tempel Grillparties. Und zum Schluß lassen sie sich die Vorhäute wieder annähen. Hamans Kolonne! Griechen-Huren! Fraternisieren mit den Schweinepriestern!« Er holte Luft und sagte langsam: »Anti-Makkabäer!« Und dann sagte er noch langsamer, genußvoll, mit der Betonung auf dem zweiten Wort: »Jehuda kill!« Verwirrt, aber zusehends schadenfroher verfolgte ich Warszawskis Haßtiraden; ich hielt dazu meinen Mund, ich wollte nicht, wie damals bei Eve, mit einer falschverstandenen Bemerkung jüdische Selbstherrlichkeit herausfordern. Ina schwieg ohnehin, wie fast immer, sie mußte sich von Warszawski ständig drücken und stoßen lassen, und manchmal, wenn Warszawski ganz besonders glücklich oder wütend war, griff er ihr, ohne auf die anderen Gäste zu achten, an die Brust, worauf sie lachte und ihrerseits versuchte, mit der Hand seinen Unterleib zu berühren. Daraus wurde jedesmal ein kleiner Kampf, die beiden verwandelten sich für kurze Momente in ein wirbelndes, autarkes Knäuel, und ich saß dann einfach nur da und ließ sinnlos die letzten Tropfen des Mineralwassers aus dem längst leergetrunkenen Glas in meine Kehle laufen.

Achselzuckend hatte sich die Kellnerin Warszawskis Tschulent-Ausführungen angehört. Sie seufzte und grinste abwechselnd, aber niemand beachtete sie, und so verschwand sie in der Küche. Später brachte sie uns das gehackte Ei, den Salat und die Suppe, aber sie stellte die Teller nicht hin, sie ließ sie aus einigen Zentimetern Höhe einfach auf den Tisch fallen. Die kunstvolle, weiß-gelbe Ei-Pyramide fiel auseinander, von Inas übervoller Schüssel rutschten Tomatenstücke und Salatblätter auf den Tisch, und natürlich schwappte auch die Brühe über, und innerhalb einiger Sekunden hatte sich so die saubere Tischdecke in einen vollgekleckerten, unappetitlichen Lumpen verwandelt.

Wir saßen noch über den Vorspeisen, als die Tür aufging und Eve eintrat, Seite an Seite mit einem kleinen, schmalgesichtigen Mann, der sich seine rechteckige Piloten-Sonnenbrille in die Stirn hochgeschoben hatte. Ohne zu zögern kam Eve an unseren Tisch, grüßte mich freundlich und leidenschaftslos, wechselte mit Warszawski ein paar Worte, wobei natürlich sofort wieder diese exklusive Zwinker-Atmosphäre zwischen den beiden entstand, und obwohl sie sich nicht zu uns setzen wollte, stellte sie uns ihren Begleiter vor. Er war Israeli, ein IBM-Mann aus Haifa, Halbbruder von Chaim, ihrem ersten Mann; er hieß Udi Irgendwas und war offensichtlich Eves neuer Dreh. Ich erkannte das vor allem an ihrer Kleidung, sie trug ein einfaches helles Kleid, Sandalen, silberne Ohrringe mit Türkissteinen – alles an ihr war leicht, unkompliziert und gefestigt zugleich, und überhaupt wirkte sie sommerlich. Eve und Udi setzten sich an den Nebentisch, sie gurrten und schluchzten nur so vor sich hin, natürlich auf Hebräisch, und Eve war völlig in ihre neue Welt versunken. Wie sie ihm zunickte! Wie sie ihm den Ausschnitt ihres Kleides mit der schweren, dunklen Falte zuwandte! Wie sie, angestrengt, ihren Brustkorb senkte und hob!

Ich merkte erst nach einer Weile, daß ich die beiden wie ein Geisteskranker anstarrte. Sie saßen hinter Ina und Warszawski, weshalb ich sie mühelos, ohne mich auffällig drehen und verrenken zu müssen, betrachten konnte. Irgendwann beugte sich Eve vor, und so erschien ihr Profil neben dem von Ina, ich verglich die Nasen, die Lippen, ich sah den düsteren, verspannten Schimmer um Inas Augen, ich sah Eves helle Stirn, ich ging mit meinen Pupillen hin und her wie bei einem Tennisspiel, ich überlegte, was hier der Unterschied war und was die Gemeinsamkeit, aber der Vergleich gab mir nichts, keinen Wink und keine Einsicht, vielleicht nur das Gefühl, daß ich mich irgendwann mal, als junger Mann, selbst verloren hatte, daß ich längst nicht mehr imstande war, die Fährte zu verfolgen, auf der mein Leben eigentlich verlief, daß die Entfremdung zwischen mir und dem Rest der Welt bei mir selbst begann.

Und dann plötzlich blieb ich mit dem Blick an Warszawskis großem roten Schädel hängen. Er sah, umkränzt von einer leichten, milchigen Nebelbank, wie ein rohes, blutendes Stück Fleisch aus, das noch kurz vorher an einem Haken in einer Kühlkammer gehangen hatte, ein gespenstisches Denkinstrument. Es war der Schädel eines Mannes, der, ganz anders als ich, immer zielstrebig und hart genug gewesen war, um niemals von seinem Pfad abzukommen. Eine einzige Idee hatte Warszawski gehabt, der große Warszawski, die aber hat er wie einen Monolith behauen und bearbeitet, bis sie immer klarer und eindeutiger in die Köpfe des Publikums und der Kritik hineinging, um sich dort wohl für immer festzusetzen. Es war die Idee, die dem jungen Warszawski noch während des Krieges kam, in Amerika, in New York, als er anfing, Jazz zu hören, begeistert von schwarzer Kultur, schwarzem Alltag, schwarzen Menschen. Die Jazzmusik war für ihn eine Weile alles und die Subwayfahrten nach East Harlem so etwas wie die stets neuen Versuche, sich von der ganzen wehleidigen Schwermut zu befreien, die sich bei ihm zu Hause immer mehr ausbreitete, proportional zu den ständig anwachsenden Informationen darüber, daß nach der Entmündigung des europäischen Judentums nun auch noch dessen kultische Verbrennung folgte. Warszawskis Bebop-Euphorie hatte den savonarolahaften Charme der Pubertät, sie war Begeisterung und Protestgeste in einem, denn der Siebzehnjährige betrachtete die amerikanischen Neger als seine Juden, Europa blieb für ihn so unsichtbar und versunken wie Atlantis, und das einzige, was er sehen wollte, war nicht dieses ferne, durch die Gespräche der Eltern und ihrer Bekannten verklärte und verkitschte Naturunglück, sondern die konkrete Zermürbung einer Rasse, die zehn Subwaystationen von der eigenen Wohnung entfernt lebte, arbeitete und um ihr Leben sang und musizierte. So beschrieb Warszawski später selbst seinen damaligen Zustand, der ihm, wie er fast jedesmal eitel anmerken mußte, nach wie vor imponierte.

Aber damit war es eines Nachts vorbei. Warszawski zeichnete in beinahe jedem seiner Romane die Szene nach, wie er im Winter 1944, nach einem durchgetanzten Abend im *Apollo-Theatre*, morgens um drei nach Hause kam. Er schloß leise die Tür auf, um niemanden zu wekken, er hatte »das Blut voller Synkopen und das Herz angefüllt mit Teilnahme und Sex« (aus *Harlem Holocaust*), er war aufgedreht und hungrig und hatte das Gefühl, er würde nie mehr in seinem Leben schlafen müssen, und so schlich er sich still, an den Wänden entlang, wo die Parkettdielen am wenigsten krachten, durch die dunkle Wohnung zur Küche, und er konnte sich erst im Nachhinein daran erinnern, wie seltsam sakral und idyllisch das weiße Licht wirkte, das unter der Küchentür hervorschimmerte, ein ungebündeltes, vielstrahliges Licht, dessen Magie sich ihm auf immer eingeprägt hatte. »Es war«, sagte Warszawski vor ein paar Jahren in einem *Aspekte*-Interview, »wohl das Licht, das ein Mensch eigentlich nur einmal in seinem ganzen Leben sieht, und zwar im Moment des Todes, wenn schon die ersten Cherubim um seinen leichten Kopf herumtanzen und jubilieren.« Daß ich nicht lache ... Warszawski machte also langsam die Küchentür auf, und dann sah er seinen Vater, im Bademantel, die grauen Haare leicht zerwühlt und nach vorn gestrichen wie bei einem alten römischen Senator, er sah seine Mutter, in einem gestreiften Männerpyjama, und dann sah er einen Unbekannten, dessen dünne, nach links abgebogene Nase ihm als erstes auffiel. Der Mann hatte außerdem ein leeres, zweidimensionales Gesicht mit weiten Augen, die wie aufgemalt wirkten, und zerbissene, blau angelaufene Lippen. Obwohl er über einem dunkelbraunen Jackett den Tweedmantel von Warszawskis Vater trug, lag auf seinen Schultern außerdem noch eine karierte Wolldecke, was Warszawski deshalb sofort wahrnahm, weil es in der Küche – wie immer, wenn der Ofen lief – furchtbar heiß und stickig war. Und als er nun den Fremden apathisch sagen hörte »Es klirrt vor Kälte«, sah er etwas, das gar nicht war: Die beschlagenen Küchenfenster flogen auf, und der kristalline New Yorker Winterwind schoß in den überhitzten Raum hinein. »Gerhard«, sagte Warszawskis Mutter, »das ist mein Cousin Leo Schneider. Leo, das ist mein Sohn Gerhard, und wenn du ihm einen Gefallen tun willst, sagst du ›Gary‹ zu ihm, denn so nennen sie ihn alle hier, und wir manchmal auch, wenn wir es nicht gerade vergessen.« Aber der Cousin reagierte nicht, und obwohl sie ihn dabei angelächelt hatte, blieb sein zerstückelter Mund klein und ohne Regung. »Guten Tag, Leo«, sagte Warszawski, doch Leo schwieg weiter. »Er hat eine Menge Scherereien gehabt«, sagte Warszawskis Vater. »Mit wem?« »Ich weiß nicht, wie sie alle heißen, und du wirst sie sowieso nicht kennen, Freundchen. Halt, vielleicht sagt dir der Name von ihrem Chef etwas ...« »Welcher Chef, Papa?« »Aber nein, ich glaube kaum, daß man bei euch in Harlem über ihn spricht«, sagte Max Warszawski, und er hatte wie so oft diesen unerklärlich zurückhaltenden Tonfall, den sein Sohn Gary so haßte, weil er dann nie wußte, ob sein Vater gerade Spaß machte oder moralisierte. »Die Neger haben gestern ihren Dschungel gerodet, Papa, aus den Kokosnüssen haben sie Trompeten gemacht, aus den Palmenblättern Hemden und Hosen, um nicht mehr nackt herumzulaufen, und dann haben sie die gefällten Bäume solange bearbeitet, bis Papier draus wurde, das Papier brachten sie in die Druckerei, und dort druckten sie die letzten Nachrichten aus Europa drauf und nannten das ganze Zeitung«, sagte Warszawski ungeduldig und fügte hinzu: »Was willst du von meinem Leben, Papa? Was willst du? Soll ich mir die ganze Zeit euren Nazi-Quatsch anhören und unsere tausendjährige Leidensgeschichte memorieren? Soll ich jeden Tag für mein Volk Kaddisch sagen? Soll ich aufhören zu leben, weil die andern sterben?« Warszawski schrie plötzlich, seine riesigen Augenlider zitterten, und er fühlte den Rausch, der ihn ergriff, den Rausch der Wahrheit und Aufrichtigkeit und des Hasses auf all jene, die immer nur

Theater spielen. »Es klirrt vor Kälte«, sagte Leo, alle drehten sich nach ihm um, gleichzeitig schlug Max Warszawski wütend mit der flachen Hand auf den Tisch, das große Brotmesser machte einen Satz und fiel herunter auf den Boden, wo es nur ein paar Zentimeter von seinem Fuß entfernt aufklatschte. Es gab einen Knall und dann einen zweiten, denn nun wurden die Küchenfenster tatsächlich von außen aufgerissen, im selben Moment sagte Max Warszawski: »Du bist ein frühreifer Scheißkerl, Gerhard!«, die Fensterläden gingen im Wind auf und zu, es klapperte und knackte, das war das Geräusch von Sturm, von zusammenkrachenden Masten, heruntersausenden Segeln und berstendem Holz, das normalerweise immer nur in Piratenfilmen vorkommt, riesige schmutzige Schneeflocken wehten hinein, Warszawskis Mutter sagte: »Er hat es nicht so gemeint, Max, und eines Tages wird er das alles noch besser begreifen als wir«, worauf Warszawski gequält aufstöhnte, aber dann sagte Leo noch einmal: »Eine klirrende Kälte . . .«, und dann begannen die Schneeflocken auf dem grauen Tisch und auf dem grünen Fliesenboden zu schmelzen, und die Flecken, die übrigblieben, waren rot, dunkelrot . . .

So schilderte Warszawski in *Harlem Holocaust* seine erste Begegnung mit einem Menschen, der den Nationalsozialisten entkommen war, und es war diese Geisterstunde, in der er später seine Initiation als Schriftsteller ansiedelte. Es wurde daraus auch ein Saulus-Erlebnis, denn Warszawski sollte in den kommenden Tagen und Wochen allmählich Leo Schneiders ganze Geschichte erfahren und wie ein Süchtiger aufsaugen und verinnerlichen. Natürlich büßte seine Negerpassion durch diesen neuen Impuls, den sein Leben in der Gestalt eines KZ-Überlebenden erfuhr, nichts von ihrer Kraft und Begei-

36

sterung ein. Aber nun hatte Warszawski eben eine zweite und wohl tiefere Schicht seines Innenlebens entdeckt, er spürte förmlich, wie es mit einem Mal archaisch-schmerzhaft in ihm brodelte und suppte. Seine Jüdischkeit war ihm jetzt alles: Ein Komplex der Verzweiflung aus Wollen und Müssen, wie er sagte, dem man einfach nicht entkam, weil die Tradition und die Feinde auf immer übermächtig blieben. So gesehen sollte seine Mutter – wenn dies denn tatsächlich ihre Worte gewesen waren – sehr schnell mit der Behauptung recht bekommen, ihr Sohn Gerhard werde die eherne Stigmatisierung seines Volkes eines Tages schon begreifen. Und wirklich: Der allwissende, harte Warszawski, der selbsternannte Aufklärer, notierte sich schon bald – zunächst nur mit der Hand, auf einzelne, lose Blätter – Leos Erzählungen, die ihm dieser, nachdem er zu Kräften gekommen war, bereitwillig diktierte: ohne all die Verheimlichungen und Tabuisierungen, die solchen Geschichten später immer eigen waren, und ich zitiere hier Warszawski selbst, der dazu einmal sagte: »Die Menschen, die der Vernichtung entkamen, haben natürlich einen lebenslangen Schock, einen Zustand der Verwirrung und der unterschwelligen Apathie. Es sind Menschen, die wie Zombies unter uns leben, doch es plagt sie nicht so sehr das schlechte Gewissen darüber, im Gegensatz zu ihren Nächsten die körperliche Zerstörung überstanden zu haben. Vielmehr haben sie einfach nur begriffen, daß Leben Tod ist, egal ob in Zeiten des Friedens, des Krieges oder eben der Shoah, und so bilden sie, über die Grenzen aller Staaten dieser Welt hinweg, wohin es sie nach dem Krieg verschlagen hat, einen Klub. Einen gigantischen, schweigenden Klub der weisen Lebensmüden, die – durch fremdes, mörderisches Einwirken – wissen, was wir Kinder der Ordnung nie begreifen werden: daß das menschliche Dasein nur ein feuchter Fusel auf dem Kragen des Schöpfers ist. Sie spüren die Exklusivität ihres Wissens, sie bedrückt sie und macht sie auch eitel, und das ist der Grund, warum die meisten Überlebenden nie von den Lagern erzählen, nicht einmal ihren Söhnen und Töchtern. Man muß es verstehen, wirklich verstehen.«

Ich weiß nicht mehr, bei welcher Gelegenheit Warszawski dies sagte. Ich habe ihn selten so ruhig und affektlos über eine Sache reden gehört. Mir war klar, daß da der Holocaust-Häretiker aus ihm sprach, und das wird der Grund gewesen sein, warum er dabei einen sanften Tonfall wählte. Was mich an dieser Sentenz faszinierte, war der pennälerhafte Skeptizismus, der ihr innewohnte. Aber das wußte Warszawski natürlich auch selbst, weshalb er sich, soweit mir das bekannt ist, dazu nie mehr öffentlich äußerte. Dabei lag gerade in diesem Gedanken, in dieser ungewöhnlichen Betrachtung über das Leben nach dem Tod und die Erinnerung daran, der Ausgangspunkt zu Warszawskis Ideen-Monolithen, zu seinem publizistischen und literarischen Trick: Denn Gary Warszawski erzählte in seinen Romanen und Short stories immer und immer wieder die Geschichte von Leo Schneider, der der Deportation nach Polen entkam, weil er sich, während seine Familie abgeholt wurde, in einem ganz gewöhnlichen Kleiderschrank versteckte. »Es war«, schreibt Warszawski in *Die Stimmen der andern*, »ein hinterhältiger Kunstgriff des Schicksals, daß sie mich nicht entdeckten. Ich lehnte an den Kleidern meiner Schwester, ein Bügel drückte sich in mein Genick, und plötzlich war da der Geruch, den ich von meiner Schwester kannte, ein Geruch, der mich daran erinnerte, wie ich ihr als Junge beim Baden zusah, wie ich später ihre Unterwäsche stahl und anzog und damit spielte. Ich saß in diesem idiotischen Schrank fest, ich konnte nicht gerade stehen, ich bog den Rücken nach links weg, das Gesicht preßte ich gegen einen Wäscheballen, und alles war schwarz. Draußen summten die hektischen Stimmen der andern, aber ich stellte mir Ilses Büstenhalter vor und dazu, wie sie ihn langsam auszog und ihre langen, rosafarbenen Brustwarzen zum Vorschein kamen, und das machte mich so verrückt, daß ich eine Erektion bekam. Ich konnte mich nicht rühren, vor Angst und vor Erregung, aber dann hörte ich, wie sie noch einmal alle Zimmer durchkämmten, und als schließlich die Wohnungstür hinter ihnen zuschlug, von außen abgeschlossen und versiegelt, kämpfte ich mich aus dem Schrank heraus, ich fiel auf den Boden, riß meine Hose auf und befriedigte mich. Ab jetzt, das wußte ich, war ich auf der Flucht, und das versetzte mich natürlich in Furcht und Schrecken. Hätte ich damals aber schon gewußt, wie viel schwerer in späteren Jahren der Alpdruck des Überlebens auf mir lasten würde, wäre ich sofort wieder ganz ruhig geworden und hätte mir wahrscheinlich noch ein zweites Mal einen runtergeholt.«

Die Kleiderschrank-Metapher ist klar. Warszawski griff auf Leos konkrete Erlebnisse zurück, die er für seine Zwecke verfremdete und überhöhte. Außerdem aber betrachtete er nun sich selbst als einen Davongekommenen: Amerika, New York, die Jazzlokale – hier war sein Versteck, in dem er sich amüsierte, während der »weiße polnische Himmel schwarz wurde«. Diese Konstruktion, überzeugend und eingängig, setzte Warszawski mit pathologischer Sturheit immer und immer wieder ein: Die Nazis luden eine praktische Schuld auf sich, die Juden, die am Leben blieben, aber eine metaphysische. »Und das ist auch der Grund«, habe ich Warszawski mehrmals sagen hören, »warum – verrückte Welt! – die Kinder der Täter mit der ganzen Vernichtungsmonstrosität viel leichter fertig werden als die Nachkommen der Opfer. Scheiße, was? Aber nicht ungerecht, sondern wahrhaftig und typisch Jahwe ... Was für ein Arschloch!«

Warszawskis Bücher handelten allein von ihm selbst – obwohl auf den ersten Blick alles wie bei Leo Schneider war, dessen Flucht von Hamburg über Holland, Südfrankreich, Spanien, die Pyrenäen und Lissabon Warszawski ebenso häufig in immer neuen Varianten verarbeitete wie dann auch dessen erste Jahre in Amerika. Aber Warszawski liebte nunmal die lügnerische Offensichtlichkeit und die Meta-Verwirrungen seiner *surfiction*. Der Held hieß also immer Leo, er war ein kluger und poetischer Kerl, aber ohne literarische Bedürfnisse. Deshalb mußte er mit einem Antagonisten auskommen, der Warszawski hieß, Leos Erlebnisse notierte, ein Präbeatnik war und trotzdem mit dem realen Warszawski nichts zu tun hatte und sich einem namenlosen auktorialen Erzähler beugen mußte, der wiederum, das verstand sich von selbst, auch nur die Erfindung des echten, des lebenden Gerhard »Gary« Warszawski war.

Warum die Schleifen und Verschachtelungen? Manchmal dachte ich, Warszawski war es ernst damit, eine Methode, das echte, sinnliche Grauen hinter einem Wust von Poetik und Theorie zu verschlüsseln; und manchmal dachte ich, das alles war nur Angeberei, Effekthascherei und undisziplinierte Ausschweifung eines geschwätzigen Autors.

Wir haben uns einmal darüber unterhalten, genau dort, wo er dann ein paar Jahre später jene Frau zum ersten Mal traf, die so lange über ihn schrieb und von ihm erzählte, bis einer auf die Idee kam, ihn bei uns groß herauszubringen. Wie gut sich, übrigens, Warszawskis Bücher im Land von Goethe, Beethoven und Himmler verkauften, wird niemanden überraschen. Die Besprechungen hatten allesamt den Atem historischer Anteilnahme und reumütiger Erlösungsbegeisterung, und so dauerte es nicht lange, bis Warszawski, dem man diesen jüdischen Mischgestus aus Ernst, groteskem Humor und genialischem Achselzucken nicht wirklich absprechen konnte, in Deutschland auf jenes Podest gehievt wurde, wo auch schon Roth, Heller, Malamud und Bellow ihr entzückendes Wiedergutmachungsdasein bestritten. Dieser Hund! Er wußte doch ganz genau, daß er in diesen Pantheon von rechts wegen nicht hineingehörte, in Amerika las ihn nur die kleine Schar seiner Freunde und Kollegen, er war einer der unzähligen Autoren, die von ihren Englischkursen und sporadischen Artikeln im *New York Times Book Review* leben mußten; von der Öffentlichkeit wurde er dort als Schriftsteller nicht zur Kenntnis genommen, als Experimentierer vegetierte er dahin auf dem Publicityabstellgleis. Das war in Deutschland ganz anders, seine Stimme bekam hier schnell Gewicht, man lud ihn viel ins Fernsehen ein und machte mit ihm lange Interviews, denn er sorgte mit seiner Exaltiertheit und seinem Durchblick für jene Sorte anspruchsvoller Unterhaltung, die wir uns anderweitig immer nur bei Zadek, Gysi, Reich-Ranicki und den andern Kerlen holen mußten. Ich nenne es das Alfred-Kerr-Syndrom.

Warszawski wußte, bei wem er sich für seinen späten Ruhm bedanken mußte, und so endete – ich weiß es genau, auch wenn ich nicht dabei war – die erste Begegnung zwischen ihm und Ina, nach einem Essen im *Roma* auf der Maximilianstraße, im Haus schräg gegenüber, über den Geschäftsräumen von *English House,* irgendwo zwischen dem ersten und zweiten Stockwerk in einem Fahrstuhl, den die beiden angehalten hatten, um es dort im Stehen miteinander zu treiben. Das Arschloch Warszawski, dieser alte Widerling und Hypochonder, hatte garantiert Präservative dabei, er wollte natürlich nicht ohne, und ich kann mir seine irre, verlogene Rechtfertigungsshow ziemlich gut vorstellen: Ich denke, er biß und knabberte und zerrte gerade lüstern an meiner Ina herum, ließ unaufgefordert seine Hose herunter, während er ihre Bluse zerriß; sie wehrte sich ein wenig, aber nicht wirklich, wortlos stieß sie den wildgewordenen Gnom weg und zog ihn wieder an sich heran, abgerissene Knöpfe flogen durch die Gegend, ihre Spange und die Ohrringe, und ab und zu gingen auch ganze Haarbüschel drauf. Es war wohl jene Mischung aus Liebesspiel und Ringkampf, wie sie bei Abenteuern dieser Sorte üblich ist, die Körper der beiden flogen in dem schmalen Lift-Raum hin und her, schlugen lärmend gegen die Fahrstuhlwände, es knallte und krachte im ganzen Treppenhaus, und mitten in dieses stumme Schlachtgeklirr hinein sagte also der plötzlich innehaltende Warszawski: »Mein Volk hat das babylonische Exil und die beiden Tempelzerstörungen überstanden, die Inquisition, die Dreyfus-Affäre sowie Stalins Ärzte-Prozesse, und die Endlösung ist uns ebenfalls haarscharf am Arsch vorbeigegangen.« Sein Atem stockte vor Erregung und Anstrengung, und während er sprach, verdeckte er mit einer Hand sein langes Glied. »Wir haben bis jetzt aus jedem Schlamassel herausgefunden«, fuhr er fort, »denn wir verfügen, obwohl das manche bestreiten, über eine raffinierte Überlebensstrategie. Und deshalb frage ich mich, so wie ich Sie frage: Warum sollte ich nun auf ein lächerliches, unauffälliges Schutzmittel verzichten? Warum sollte ich, nach soviel kollektivem, diabolischem Leid, die Schwächung meines Immunsystems riskieren? Ich frage: Darf ein Jude einen derart banalen Tod sterben?« Ina antwortete natürlich nicht. Sie fühlte sich einerseits schrecklich unwohl: halbnackt stand sie da, mit hochgeschobenem Büstenhalter und zerrissener Unterhose, sie befand sich in dieser niedrigen, schmalen Fahrstuhlkabine mit einem Fremden, der – statt sie zu vögeln – Vorträge hielt. Andererseits war sie fasziniert davon, wie dieser Mensch da mühelos Brücken schlug zwischen Historie und Hygiene, wie er Aids mit Holocaust kombinierte, und das war wohl das erste Mal, daß meine Ina, die dumme Ina, wirklich begriff, warum der Judenhaß eine so metaphysische Angelegenheit ist. Daß ich nicht lache ... Wie sehr muß sie von Warszawskis Endspurt ergriffen gewesen sein, von dem Finale seines kleinen Auftritts: »Sie denken«, wird er zum Schluß gesagt haben, »daß ich Spaß mache. Natürlich nicht. Wenn Leo, wenn mein todgeweihter Leo Schneider in seinem Schrank hockt und ans Ficken denkt, dann ist das wahrheitsspendende Holocaust-Lästerung, die ihr Gojim noch mehr haßt als es meine Juden tun. Wenn aber wir zwei uns ebenfalls auf engstem Raum, vom Rest der Welt vergessen, wild und ungestüm aneinander reiben, dann ist *das* Lüge – so wie Adenauers Reparationen, Brandts Massada-Besuch und Springers Vier Prinzipien.« Er sprach leise, nachdenklich, mit billigem Rednerpathos in der Stimme. Doch plötzlich zog er an und schrie seine kurzen Staccato-Sätze heraus: »Und es ist Kampf! Es ist Furcht! Es ist wilde, geile Fremdheit! Weiß ich, wer Sie wirklich sind? Nein, natürlich nicht!« Er legte seine freie Hand auf Inas rechte Brust und drückte zu. Sie schrie auf, aber er wies sie zurecht: »Halten Sie den Mund! Sie sind ein deutsches Miststück, Fräulein Polarker, spielen Sie hier nicht auf Mitleid! Ich weiß, was ich von euch halten soll. Ihr seid mit uns ebensowenig fertig wie wir mit euch, und da ist euch jedes Mittel recht. Keine Chance! Wir haben, wie ich sagte, Überlebensstrategien.« Er nahm ein gigantisches schwarz-genopptes Präservativ heraus, das mit einem halben Dutzend weißblauer Davidssterne verziert war, und rollte es langsam über seinen anschwellenden Riesenpenis. Dann sagte er, diesmal wieder ruhig und fast ein wenig quengelig: »Sie müssen mich verstehen ...« »Ja, natürlich«, erwiderte Ina. »Sie wollen mich verstehen?« »Ja.« »Das können Sie doch gar nicht.« »Nein ...« »Haben Sie mit Juden schon geschlafen?« »Nein.« »Bereuen Sie das?« »Ja.« »Was gibt es daran zu bereuen?« »Ich ... weiß nicht.« »Sie werden jetzt gleich mit mir schlafen.« »Ja.« »Aber vorher«, sagte Warszawski kalt und reglos, »werde ich ein bißchen Ihre faschistische Schicksenmuschi lecken.« »Ja, natürlich«, sagte Ina, sie war abwesend, sie wußte nicht, was mit ihr passierte. Im nächsten Moment sah sie, wie dieser jüdische Teufel vor ihr kniete und seinen rohen, roten Kopf in ihrem Schoß versenkte, seine pelzige Zunge klatschte gegen ihre Schamlippen, er zog mit den Zähnen an ihrer Klitoris, er biß in ihre Schenkel, und es dauerte nicht lange, bis sie vollkommen das Denken vergaß, und so hörte sie sich, auf einmal, mit einem fremden Akzent sagen: »*Oj, as ich hob sej lib, reb Warszawski!*« Und dann, immer noch in Trance, fügte sie in einem wilden, besinnungslosen, archaischen Schrei auf Hochdeutsch hinzu: »Ihr Volk tut mir ja so schrecklich leid!« Worauf sie in seinen hungrigen jüdischen Schlund hineinejakulierte.

Wie ekelhaft! Wie widerlich! Das klingt ja wie *Portnoys Beschwerden*! Und deshalb genug damit, ich habe mich

vergaloppiert, meine Phantasie hat mich in Gefilde ent-
führt, in denen ein Rosenhain wirklich nichts verloren
hat.

Natürlich weiß ich nicht, wann und wie Inas erstes Schä-
ferstündchen mit Warszawski verlief ... Ich weiß nur,
daß ich ihn, Jahre vorher, ebenfalls zum ersten Mal im
Roma traf. Dort und nur dort! Wir waren zusammenge-
kommen, um über die Übersetzung seines Kleider-
schrank-Epilogs *Dunkelheit* zu sprechen, der als eigen-
ständiger Band in der deutschen Warszawski-Edition er-
scheinen sollte. Ich hatte den großen Schriftsteller per-
sönlich noch nicht kennengelernt, ich war sein neuer
Übersetzer, ich war aufgerührt und nervös, ich hatte
mich tagelang auf dieses Treffen vorbereitet, denn ich
mußte alle meine Fragen an diesem Tag stellen, und so
nahm ich, gleich nachdem wir Platz genommen hatten,
meine Notizen heraus und begann Warszawski zu be-
stürmen. Ich fühlte mich elend, aber ich war nunmal in
Dunkelheit über eine Menge idiomatischer und metapho-
rischer Unklarheiten gestrauchelt, und in meiner Naivität
dachte ich, dies läge nur an mir selbst, an meinem unin-
spirierten Übersetzerschulen-Englisch und den beschei-
denen geistigen Mitteln, die mir wohl zur Verfügung
standen. So war es dann auch. Überheblich, aber beherzt
ging Warszawski auf alle meine Fragen ein. Ich fühlte
mich wie früher beim Nachsitzen, da war dieser überge-
ordnete Druck, ich schrieb hektisch mit, notierte mir jedes seiner Worte, warf ab und zu reumütig etwas ein, bis
ich· allmählich merkte, daß Warszawskis Erklärungen
und Reflexionen alle ganz zwangsläufig zusammengehör-
ten, so wie die Moleküle einer großen, komplizierten
chemischen Verbindung. Plötzlich war ich ein Berausch-
ter und ein Sehender, ich hörte auf zu schreiben, und

während ich Warszawskis Ausführungen lauschte – auf deren wahren Sinn ich längst nicht mehr achtete, weil ich mich allein in ihrer sprachlichen Melodie verlor –, erblickte ich vor meinem inneren Auge so etwas wie die Materialisierung dieses Systems, das er gerade für mich entwarf; seine poetische und philosophische Strategie erschien mir tatsächlich als Gegenstand, als Sinnlichmachung, als Ding: Es sah aus wie eines von diesen Sciencefiction-Raumschiffen, die als überscharfe Trickmodelle auf der breiten Cinemascopeleinwand dem Zuschauer entgegenbrausen, vor einem schwarzen, sterngepunkteten Weltraumhintergrund. Und so raste Warszawskis Literaturkonzept also auf mich zu, aber plötzlich brach der stahlblaue Rumpf dieses absurden Raumschiffs auseinander, zum Vorschein kam eine andere, kleinere Rakete, und auch mit ihr passierte dasselbe, auch sie gebar ein neues Schiff, und so ging das immer weiter und weiter, alles in einer saugenden, magnetisierenden Bewegung, bis sich zum Schluß aus diesem Wust von Stahl und Feuer ein kleiner Raumtransporter herausschälte, mit einer winzigen Aufschrift am Bug, welche da lautete: *Zyklon D.*

»*Zyklon D*, mein lieber Herr Rosenhain,« sagte Warszawski freundlich. Ich öffnete die Augen und starrte ihn entgeistert an. »So werde ich meinen Reise-Essay nennen. Ein Jude in Deutschland im Jahre ** danach. Da muß man eindeutig sein, egozentrisch und rücksichtslos. Es ist eine Reportage, ich meine, das wird eine, ich schreibe bereits daran, und der Witz, die große Pointe ist, daß ich darin all das, was ich bislang in meinen Romanen so verschissen akademisch hinter dem prätentiösen Tohuwabohu aus Meta-Spielereien und Sprachexperimenten versteckt habe, diesmal ganz offen und geradeheraus sagen will. Meine Prosa, lieber Rosenhain, ist nur etwas für Pfadfinder, Onanisten und gehirnamputierte Exegeten ...«

Ein schwerer Stein senkte sich plötzlich auf meine Brust.

»Ich bin«, fuhr Warszawski fort, »ein berechnender Schurke, ein cleverer Jid, ein Literatur-Shylock wie Kafka, dieser Schweinehund!«

Noch ein Stein.

»Die Reportage dagegen schreibe ich allein für mich selbst. Den ganzen Tag und die halbe Nacht laufe ich immer nur mit dem Gedanken daran durch Ihr kindisches Land, und die Ideen und Formulierungen purzeln wie von selbst in meinen Kopf. Genial! Es gibt nichts schärferes und zugleich sinnloseres als engagierte Eindeutigkeit!« Er hob theatralisch den unförmigen Schädel und drehte ihn langsam von mir weg, das Kinn in die Höhe gezogen, den Blick in ein fernes Nirgendwo gesenkt.

»Und so ungefähr lautet dann der letzte Absatz: ›Alles umsonst, aber ich konnte nicht anders, denn was ich in meinem **er Sommer in Berlin, Hamburg und München sah, ergab kein neues, tiefenscharfes Bild, sondern ein verwackeltes, historisches Foto, das ich längst kannte; überall ist noch der alte, feige verklemmte Provinzialismus zu sehen, aus dem seinerzeit die Metaphysik der Zerstörung erwuchs. Genau das wollte ich zeigen, und es war, natürlich, überhaupt nicht originell. Eine Manie von mir und ein Wahn, langweilig vielleicht, aber nicht lächerlich.‹« Er unterbrach sich. »Das muß ich umformulieren, es ist wohl zu kryptisch«, sagte er ernst, um in einer gelösteren Tonlage fortzufahren: »Und zum Schluß kommen dann die Schocker, die Wachmacher, die Stichworte für eure verheulten *Republikaner:* ›Ich komme wohl wieder. Aus Neugier, aus Sadismus und weil die

Teilung ein zweites Versailles ist, ein nationales Aufputschmittel. Ich will sehen, wie es wirkt, wenn die zwei deutschen Hälften nun in dieser großen Schlacht der Wiedervereinigung aneinander geraten, ich will sehen, wie sich Elbe, Saale und Main rot verfärben. Denn der nächste deutsche Krieg ist ein Bürgerkrieg, ist der Kampf zwischen Lessing und Jünger, Büchner und Benn, Stefan Heym und Martin Walser, ein Kampf, den diesmal die Guten beginnen und die Miesen gewinnen. Ein Kampf, den ich bestimmt nicht verpasse. Ich bin euer Dybbuk! Ein aschkenasischer Zombie! Die sprechende Seife! Der schreiende, schreibende Lampenschirm!‹« Er wandte sich wieder zu mir, lehnte sich vor und sagte zornig: »Finden Sie das etwa übertrieben, Rosenberg?«

»Rosenhain«, sagte ich lautlos.

»Weiß ich doch«, gab er grinsend zurück.

Ich war unter Warszawskis Steinhagel immer mehr in mir zusammengesunken und auf der Bank seitlich weggerutscht. Den Oberkörper hielt ich in einer verspannten, selbstvergessenen Schräglage, ich lehnte auf meinem linken Ellenbogen, in dem es nun zu rauschen und ziehen begann, weil er eingeschlafen war, und während die Lähmung nur allmählich von mir abfiel, während ich mich um eine gesittete Sitzhaltung bemühte und dabei wie ein Clown den brummenden Arm schüttelte, überlegte ich, ob dieser Warszawski ein Lügner, ein Angeber oder ein dionysischer Zyniker war, und somit einer, der tatsächlich unsere Hochachtung, viel mehr jedoch unseren Haß verdiente.

»Das war also der Schluß, ein anklagendes und desperates Staccato, wenn ich das so nennen darf, Ausdruck einer diabolischen, sentimentalen Stimmung«, sagte ich, selbst verzweifelt, aber da bemerkte ich zu meiner Erleichterung, daß Warszawski mir plötzlich mit einem großzügen Lächeln zunickte, worauf ich kein Geröll und keinen Schutt mehr auf der Brust spürte, sondern nur noch, darunter, im Herzen, Heiterkeit und Wärme. »Aber was kommt davor? Worum wird es im Text selbst gehen?« fuhr ich hoffnungsfroh fort.

»Was meinen Sie?« sagte Warszawski verträumt. »Die Reportage?«

»Ja, sicher.«

»Sie meinen...« Er hielt inne, so, als reichte er mir ein Stichwort, einen gemeinsamen Gedanken, einen gemeinsamen Satz, den ich nur noch zu vervollständigen hätte. Und ich spürte es sofort ganz deutlich: Wir waren zwei Gleichgesinnte, verwandt in Seele und Geist, zwei Staffelläufer bei der Stabübergabe. Also nahm ich seine Regeln an und sagte geflissentlich: »...*Zyklon B* ...«

»... *D*, mein Freund, es ist der herrliche Buchstabe *D*, den ich ans Ende meiner Überschrift gesetzt habe«, unterbrach er mich und fuhr sich dabei mit der Zunge über die Lippen, die er dann langsam auseinanderschob, und das war das erste Mal, daß ich seine künstliche Gipszahnreihe zu sehen bekam. »Sie müssen sich verhört haben, Rosenzweig«, kicherte er.

»Rosenhain«, sagte ich mechanisch. Wo war der Stab? Wo war er?!

»*D* wie Dumpfheit«, sagte Warszawski, »*D* wie Dummheit, wie Dunkelheit, wie Dachau. *D* wie –« er zögerte, er überlegte, während ich mich schon wieder zu krümmen begann, »– wie Deutschland.« Er schlug mit beiden Händen auf den Tisch und sagte selbstvergessen: »Das ist eindeutig genug, finde ich.«

Ende der Seelenverwandtschaft ... Sie war, überlegte ich, und ich fühlte mich nun überraschend klar und aufgeräumt – sie war, im kleinen, genauso eine Illusion und ein eskapistischer, verzweifelter Rettungsanker gewesen wie, im großen, die von so vielen propagierte deutsch-jüdische Symbiose, der historische Schulterschluß zweier Völker, der mal Genies, mal Leichen produzierte. Ja, und wir Idioten glaubten immer noch daran, an die einträchtige Kraft von George, Musil und Kisch, an die Einsichten von Freud und Schopenhauer, an die gemeinsamen Visionen von Rilke, Fritz Lang und Billy Wilder, an diese ganze romantische, germanisch-hebräische Mitteleuropa-Idee also, an die Metapher von Kultur und Kaffeehaus. Juden fanden das lächerlich, die wußten vielleicht inzwischen mehr als wir über die tragischen Verwicklungen der Aufklärung, weshalb sie diese Bemühungen um eine historische Korrektur strikt ablehnten. Zu ihnen gehörten Leute wie Lea Fleischmann, George Tabori, der unzerstörbare Broder oder eben auch Warszawski, und das fürchterliche war, daß wir ihnen trotzdem aus der Hand fraßen, jawohl, daß wir uns von ihnen die Welt erklären ließen, in der, wenn es ihnen opportun schien, die Nazi-Greuel ebenso zu ihren Argumenten wurden wie gefüllter Fisch, jüdischer Humor, Schuldgefühle gegen die eigenen Toten oder – sie scheuten vor nichts zurück! – sogar die israelische Komplizenschaft in Sabra und Shatila. Alles Zwang, psalmodierten sie zwischen New York, Frankfurt und Jerusalem, alles volkspsychologische Unabdingbarkeit, alles Zerstreuung und Reaktion. Lügner! Schauspieler und Profiteure! Sie wußten schon, warum sie sich, wenn kein »Goj« in der Nähe war, jedesmal verschmitzt, verschwörerisch über den Ausspruch »There's no business like shoah-business« amüsierten. Sie wußten es ganz genau, und sie gönnten uns

keine Ruhe, sie pfiffen auf die deutsch-jüdische Symbiose, und manchmal denke ich, ich kann es ihnen nicht
einmal verübeln ...

Warszawski hat mir dann doch noch einiges über seine
Reportage erzählt, es sollte, tatsächlich, das reinste Agit-
prop-Stück werden, überbordend mit seinen Beobachtungen aus dem deutschen Alltag, die er natürlich immer
so steuerte, daß ihm auch wirklich keine einzige altfaschi-
stische Marginalie und neonazistische Monade in unserem Land entging: Er wollte sich über die rechtsradikalen
Fußballfans von der Dortmunder Borussenfront auslas-
sen, über die Faschismus-Ästhetisierer unter unseren
Künstlern (Merz, Oehlen, Förg), über die Leni-Riefen-
stahl-Manierismen deutscher Werbeleute, über die Macht
und den öffentlichen Einfluß der rechten Verleger Frey
und Fleissner, über rechtsradikale Skinheads in der DDR,
über die kleinbürgerliche und opportunistische Xeno-
phobie der CDU, über die verängstigte Haßmilitanz unserer Armen und die perfide, gefährliche soziale Gleich-
gültigkeit der Besitzenden, über die Hakenkreuze und
SS-Runen an Schulwänden und Heavy-Metal-Lederjak-
ken, über Habermas' Pyrrhus-Sieg gegen Stürmer und
Nolte, über Augsteins Hitler-Manie und Schönhubers
(doch wohl berechtigte) Tiraden gegen Galinsky – also
über all das, was gebündelt und von weitem betrachtet
wie ein abgründiges Menetekel aussah, wie das neue,
große, aufkommende deutsche Nazi-Ding. Darüber
wollte er offen schreiben, er wollte einmal auf literarische
Distanzierungen und Verschlüsselungen, auf ästhetische
Verdrängungen verzichten, auf Leo und seinen Kleiderschrank, auf Harlem und Trompeten, auf Symbole und
Bilder, die in den zukünftigen Arsenalen der Literaturge-
schichte, so ewig sie auch währen sollten, verpufften, weil

sie im Heute und Jetzt nicht griffen. Er wollte sich für einen Moment seiner Irrgärten und Spiegelkabinette aus geschwungener Prosa, starren Überlebenden-Neurosen und »längst vergossenem, eingetrockneten Judenblut«, wie er selbst sagte, entledigen, er wollte die erniedrigende, beleidigende Offensichtlichkeit.

Und die holte er sich dann auch: Ein halbes Jahr nach unserer *Roma*-Klausur erschien *Zyklon D* zunächst auf englisch in Amerika, eine Philippika von hundertdreißig Seiten, herausgegeben von einem kleinen Universitätsverlag im Mittleren Westen, dessen Sand und Staub sich erwartungsgemäß schnell auf den schmalen Band legte. Dann aber kam die Reportage bei uns heraus, in meiner Übersetzung. Wie hatte ich diese Arbeit gehaßt! Und wie sehr mußte ich Warszawskis Größe einmal mehr einsehen! *Zyklon D* war ein Hammer, ein Schock, ein neuer, anderer Warszawski-Monolith. Warum? Weil der Schriftsteller, von den angekündigten Nazi-Horrorgeschichten abgesehen, uns darin – mit dem selbstherrlichen Auschwitz-Bonus ausgerüstet – systematisch den einen erschreckenden und wahren Gedanken um die Ohren schlug: »Die Deutschen von heute«, hieß es am Ende der Reportage ausdrücklich, »sind natürlich *nicht* schuld. Aber die Niederlage, die Teilung, die schmerzhafte Wiedervereinigung und vor allem ihre Täter-Komplexe werden ihnen immer neue Schuld aufzwingen. Denn welches andere Volk auf dieser Welt und in diesem Geschichtskreis weiß schon, wie es ist, immer nur die Blumen auf fremden Gräbern zu gießen ...«

Seine Konklusio hatte mir Warszawski im *Roma* damals ganz anders vorhergesagt, und als ich diesen neuen, effektvolleren Schluß zum ersten Mal im englischen Original las, war ich schrecklich ergriffen und schrecklich beleidigt. Ich hatte, überlegte ich, ein paar Sternstunden in einer Dichterwerkstatt zugebracht und trotzdem nichts gesehen.

Wie hätte es auch anders sein sollen? Was wußte ich schon? Was konnte, was verstand ich? Efraim Rosenhain, der Feigling, der Niemand, der Schwindler und Narziß, griff ja einmal, zur Probe, von Warszawski inspiriert, selbst nach den Sternen, gierig auf einen Beweis seiner Stärke und »gojischen« Ebenbürtigkeit – und bekam nur eine leidenschaftslose, unsympathische Leere zu fassen... Das war in jenem Sommer gewesen, den Ina und ich – nur wenige Wochen vor Warszawskis Rückkehr – gemeinsam in Cannes verbrachten, in diesem 200-Francs-Hotel mit der weißen Kolonialstil-Fassade, der Palme im Hof, dem endlosen Autokrach und dem niedrigen, luftlosen Zimmer, wo wir auf dem großen Franzosenbett niemals zugedeckt und immer nackt schliefen, die Glieder vor Erschöpfung und Hitze weit voneinandergestreckt, wie entspannte Säuglinge, die noch nichts von der Welt wissen. In diesem Sommer schrieb ich Morgen für Morgen, während Ina schlief, an einer langen Erzählung, der ich den anspielungsreichen Titel *Warschauers Vermächtnis* gab. Die Arbeit ging mir leicht von der Hand, ich wollte mit dem Text so vieles erreichen und noch mehr ansprechen, weshalb mir die Assoziationen und Szenen und Formulierungen niemals ausgingen, und wenn ich dann doch für Momente stockte, genügte es, den Kopf zu drehen: Da lag sie, auf dem Rücken, die Bauchdecke bewegte sich leicht, das war ein Zittern, ein Sehnen, die Brust blieb auch im Liegen hoch und stolz und rutschte nur an den Seiten, oberhalb der Rippen, sachte weg; die Beine, die sie fast gerade hielt, waren so dicht beieinander, daß sich die Knie berührten. Ich sah Ina an und wußte sofort wieder, warum ich mein Ringbuch seit Tagen und Wochen vollschrieb, worauf die Kraft in mich zurückkehrte, die Disziplin, sich zusammenzureißen, zu konzentrieren und den neuen Satz, das nächste Wort zu erfinden.

Elendes Dilettantenpathos! Am vorletzten Abend nach dem Schwimmen veranstaltete ich für Ina eine Privatlesung aus dem fertigen Manuskript, und bereits während ich las, wurde mir klar, wie träge, unbeseelt und kopflastig der Text war, der mich so lange in Atem gehalten hatte. Was war ich bloß für ein dummer Mensch! Ich hatte wochenlang in einer Scheinwelt gelebt, hatte mein eigenes Wirken und Tun derart falsch eingeschätzt; ich hatte A gedacht oder auch B, aber heraus kam eine riesige Null. Ina teilte meine Selbstkritik, die ich auch gar nicht verbarg. »Du hast vielleicht Fehler gemacht«, sagte sie, »aber vielleicht hast du nur etwas angepackt, was für dich falsch war.« Ein rätselhafter Satz ... Wir saßen auf diesem Riesenbett, überall lagen einzelne Manuskriptblätter herum, die ich in meiner Wut aus dem Block gerissen hatte, und draußen, auf dem City-Ring von Cannes, jaulten Motorräder und LKWs. Ich stützte mich mit dem Rücken an der Wand ab, während Ina in ihrer unbequemen, starren Position an der Bettkante verharrte. »Wieso falsch?« sagte ich, aber Ina antwortete nicht und sah mich plötzlich furchtbar zahm und demütig an. »Efraim«, sagte sie leise, »komm zu mir ...« Ich beugte mich herüber und versuchte sie zu küssen, aber sie drehte das Gesicht weg. »Nein«, sagte sie, »anders.« Ich verstand sie schon wieder nicht. »Wieso anders?« »Ich mache es, wenn du willst ...« Und also verstand ich. »Komm her«, sagte sie. Ich rutschte auf dem Rücken zu ihr und lehnte mich zurück. Ich war unglaublich glücklich. Sie zog mir die Badehose herunter, dann entkleidete sie sich selbst. Bleich und schwarz beugte sie sich über mich. Nein, sie hatte es vorher nie getan, und so hob ich den Kopf, um ihr Gesicht dabei zu sehen, ihren Mund und mich selbst. Das war ein schönes Bild, so daß ich alles vergaß, auch meine Niederlage, ich schaute und schaute, und irgendwann hielt ich den Anblick nicht mehr aus, und während ich den Kopf senkte und langsam die Augen zuschlug, konnte ich gerade noch erkennen, wie zwischen Inas violetten Lippen ein kleiner Engel hindurchflutete und, mit zwei, drei Flügelschlägen, in die Luft stieg und aus dem Fenster hinausglitt.

Ich öffnete die Augen. Ich saß mit Ina und Warszawski in München im *Maon* und starrte – wieder? immer noch? – selbstvergessen den purpurnen Fleischschädel des Schriftstellers an. Mein Kopf war eine Feder, ein Lüftchen und ein Hauch, und meine Gedanken blähten sich plötzlich mit Haß und Unsicherheit auf, sie trugen mich fort, ich schwamm auf einer Wolke aus Abscheu, Ehrfurcht und Stummheit davon, ich bahnte mir den Weg durch den verwirrendsten Schwindelzustand, den ich jemals zu ertragen hatte, durch eine endlose und blaue Nebelbank. Der grausame Dunst breitete sich überall aus, und da war wieder Warszawskis stumpfe Hand zwischen Inas Beinen, da waren seine flinken, klammernden Bewegungen, mit denen er mein Mädchen fortwährend abtastete und befühlte, da waren Inas Seufzer, und da war ihr kluges Gesicht mit den abgestorbenen Augen darin, da waren sein Plappern und ihr Schweigen, da war neben uns die herrliche Eve mit ihrem Israeli, in einer stillen, apathischen Umarmung, da waren, an den andern Tischen, all die alten Jüdinnen und Juden, deren geborstene, faltige Gesichter sich nun vor meinen Augen glätteten und wölbten wie aufgehender Teig, und da waren ihre ganzen minutiösen KZ-Geschichten, die sie sich flüsternd, auf polnisch und jiddisch, zuraunten. Aber ich verstand trotzdem jedes Wort und sah auch all die monströsen Bilder, die dazu paßten, und das ging so lange, bis sie merkten, daß ich sie belauschte, doch sie hörten nicht auf, im Gegenteil, wie auf ein Kommando sahen sie mich alle gleichzeitig an und nickten mir zu, worauf ich wußte, daß ich ab jetzt ebenfalls zu ihrem Geheimklub gehörte, und das machte mich keineswegs glücklich. Dünne, weiße Dunststreifen legten sich um uns und um die Alten, das sah wie die kunstvollen Kringel eines eingebildeten Rauchers aus, und obwohl das Restaurant nun in Bewegung geriet, obwohl das Sonnenlicht auf einmal von allen drei Fensterfronten gleichzeitig hineinzustrahlen begann und die Wände und Möbel sich wie Gummi zu dehnen schienen, blieb mir nichts verborgen. Denn nun knöpfte Ina, meine Ina, ihre Bluse auf, sie holte ihre rechte Brust heraus und zog Warszawski an sich, der sich nicht bitten ließ und sofort zu trinken begann. Er hing an ihr, er war ein altes, geiles Baby, und während er zog und saugte, seufzte und keuchte, kamen Eve und Udi zu uns, um mit uns darüber zu sprechen, wie süß dieser kleine Warszawski war. Schließlich gesellten sich auch die Alten dazu, sie setzten sich im Kreis um uns herum, und auch sie redeten eine Weile über dieses herrliche jüdische Kind, über sein wunderbares, kluges Gesichtchen, die entzückenden Äuglein und niedlichen Fingerchen. Dann krempelten sie ihre Ärmel hoch und begannen mit ihren Tätowierungen ein Spiel, bei dem von zweien derjenige, der die höhere Nummer auf dem Arm hatte, eine besonders saftige und lehrreiche Endlösungsstory erzählen mußte, deren Clou darin bestand, daß von einer ganzen Familie nur einer überlebte, während die andern anonym starben, ein einziger, bei dem klar war, daß sein Leben nach ihrem Tod nicht mehr sein konnte als die schematische Aufrechterhaltung physischer Funktionen, kombiniert mit einem teuflisch defätistischen Wissen … So ging das zwischen ihnen hin und her, ihre straffen Wangen glänzten schrecklich künstlich und jugendlich, sie hörten ernsthaft einander zu, während Warszawski immer noch trank und trank und Eve ihren Udi gerührt ansah und sagte, sie wolle auch so eins, und dann drehte sich einer von den Auschwitz-Greisen zu mir um und sagte mit einer hohen, mädchenhaften Stimme: »Für Sie, lieber Herr Rosenhain, ist es bestimmt auch sehr schwer zu leben … so wie für uns …«

War es wieder so weit? Ein neuer Anfall? Ich dachte fieberhaft nach. Oder waren die tatsächlich verrückt geworden? Das alles konnte ich mir doch nicht einbilden, auf keinen Fall … Ich erhob mich vorsichtig von meinem Stuhl. Obwohl die Möbel, die Wände und die Pokale über der Theke immer noch leicht schwankten, war der Boden wieder fest und stabil. Kein Zittern mehr und kein Beben. Ich ging wortlos auf den Ausgang zu. Langsam setzte ich einen Fuß vor den andern und dachte immer nur: es wird schon gutgehen. Plötzlich vernahm ich Warszawskis quälende Kasernenhofstimme hinter mir, ich hörte, wie er »Frrritz! Frrritz! Bei Fuß!« brüllte und »Stillgestanden!«, aber ich reagierte nicht, und ich drehte mich auch dann nicht um, als Ina mir zurief, ich solle doch da bleiben. Nein, ich wollte sie nie mehr hören, nie mehr sehen. Ich kniff die Augen leicht zusammen, um mich besser konzentrieren zu können, die Sicht war nun viel besser als vorhin, und deshalb wunderte es mich, daß ich trotzdem im nächsten Moment mit der Kellnerin zusammenstieß. Das Tablett in ihren Händen wackelte, ich erkannte meinen Kalbsbraten darauf und Warszawskis braunes, widerwärtiges Tschulent, das wie ein dampfender, frischer Misthaufen aussah, die Teller rutschten hin und her, aber die Kellnerin konnte gerade noch die Balance halten, sie sagte zuerst »*Oj, wej 's mir!*« und dann »Wohin gehen Sie denn ...«, aber ich achtete auch auf sie nicht mehr und erst recht nicht auf Inas verzweifelte Rufe.

Und dann endlich war ich draußen, ich machte die Tür hinter mir nicht zu, ich konnte mir genau vorstellen, wie sie mich noch eine Weile von ihrem Tisch aus sehen konnten, diese Irren, wie sie mich dabei beobachteten, während ich schnell davonschritt, während mein Körper kleiner und kleiner wurde, bis er im letzten Innenhof, in der Straßenausfahrt, verschwand.

Ich ging zum Englischen Garten. Dort war ich oft, wenn ich allein sein wollte. Jeder ist mal aufgeregt und sucht dann Frieden und Ruhe. Ich glitt vorbei an der Ludwigskirche, an der Universität und dem Veterinärinstitut in der Königinstraße. Ich hatte gräßliche Kopfschmerzen, aber der Schwindel war jetzt weg, ich nahm klar und deutlich Häuser, Straßenzüge, Bäume und Autos wahr. Nur die Augen taten mir noch weh, und weil ich den Weg gut kannte, schloß ich sie immer wieder für kurze Momente.

Und da sah ich uns dann: Ina und mich, vor einem halben Jahr, im Sommer, nach Cannes, in meinem Badezimmer, barfuß auf den weißen Kacheln, sie nackt, ich in einer Pyjamahose. Es war fünf Uhr morgens, Ina war früh auf-

gewacht, sie hatte in der Nacht vor Aufregung sehr
schlecht geschlafen, weil sie am Abend vorher für dreißig
Mark diesen B-Test gekauft hatte. Jetzt hantierte sie ungeduldig mit dem Röhrchen und dem Kastenaufbau
herum, bis ich sie schließlich von hinten umarmte, damit
sie für ein paar Minuten Ruhe gab. Durch die Erschütte-
rung konnte sie das Ergebnis unbrauchbar machen, und
dann hätten wir das ganze am nächsten Morgen wieder-
holen müssen. Unser kleines Baby-Labor stand auf dem
Fensterbrett, und ein Stückchen links davon, draußen,
hinter den sich rötlich verfärbenden Dächern, ging jetzt
die Sonne auf, das konnten wir ganz genau sehen, und
auch, wie ein leichter Wind die Bäume im Hof schüttelte.
Dann, auf einen Schlag, fingen die Vögel zu schreien an,
zwei Tauben flogen zwischen Regenrinnen und Fenster-
simsen aufgeregt hin und her, und aus einem der unteren
Stockwerke kam Blasmusik ... Wir hatten es also mit
einer richtigen Sommer-Hinterhof-Idylle zu tun, und da
begann auch noch das Reagenzglas mit Inas goldenem
Morgenurin und dieser weißlichen Testsubstanz eine
neue Farbe anzunehmen: Es war das Rot, das die Sonne
auf die Häuserdächer fabriziert hatte, das Rot, das uns
sagte, daß die Sache klar war, daß wir ein Kind erwarte-
ten, ein herrliches Kind. Vier Wochen später trieb sie es
ab. Auf Warszawskis Drängen oder Flehen oder Anord-
nung hin, was weiß ich, wie das war, aber bestimmt hatte
er ihr dafür ein anderes, ein klügeres und schöneres ver-
sprochen.

Ich weiß wirklich nicht mehr, wie lange ich auf dem
feuchten und verwitterten Sockel des Monopteros saß,
dort oben, auf dem höchsten Hügel, den König Ludwig
seinerzeit im Englischen Garten für seinen antiken Tem-

pel aufschichten ließ. Gegen abend begann es ein wenig zu schneien, aber der Schnee verwandelte sich schnell wieder in Regen, die Luft war ungewöhnlich scharf und naß, und da ich nicht mehr gegen meine Müdigkeit ankämpfen konnte, lehnte ich mich gegen eine der Säulen und versuchte zu schlafen. Dann plötzlich war es dunkel; ich wachte auf, man hörte im ganzen Park keinen Laut, kein menschliches oder tierisches Geräusch, es war so, wie wenn jemand den Ton ausgedreht hätte. Ich rieb mir die schmerzenden Augen, und als ich die Hände schließlich wegnahm, bemerkte ich einen Mann, der drei, vier Meter von mir entfernt ebenfalls auf dem Sockel saß und mich ansah. Er stand auf, kam auf mich zu und setzte sich neben mich. Er war unrasiert, er roch nach Schweiß und Alkohol, und der Schlitz seiner völlig verdreckten Hose stand offen. Ich kannte ihn nicht, und es wunderte mich nur, wieso er Warszawskis Stimme hatte. Er legte einen Arm um mich und sagte still: »Das zentrale Ereignis in der Dichtung, und ganz besonders in meinen Fiktionen, ist nicht der Holocaust, ist nicht die Auslöschung der Juden, sondern die Tilgung dieser Auslöschung als zentrales Ereignis aus unserem Bewußtsein.«

Ein Verrückter, dachte ich zunächst, verwundert, aber nicht ängstlich. Ich versuchte, seinen Arm abzuschütteln, doch obwohl er kurz und stumpf war, lag eine solche Kraft darin, daß ich mich einfach nicht zu befreien vermochte. Ich wand mich einige Male hin und her, bis ich plötzlich begriff, wieso mir dieser Satz derart quälend bekannt vorkam. Natürlich, so lautete doch, beinahe wörtlich, die zentrale Passage von Leo Schneiders Union-Square-Monolog in der dramatisierten Fassung von *Harlem Holocaust*. Was für ein unglaublicher Zufall! Welch ein Wunder! Ich muß, dachte ich zufrieden, Warszawski

bei unserer nächsten Begegnung unbedingt davon erzählen ... Und dann kuschelte ich mich, weil Widerstand
zwecklos war, ganz fest an den fremden Mann und schlief
in seiner Umarmung ein.

Nachtrag des Herausgebers

*Friedrich Rosenhains Manuskript erreichte mich mit der
Luftpost sechs Tage nach seinem Tod. Das weiße DIN-
A 4-Couvert enthielt zwei kartonierte Kollegblöcke mit
172 losen, teils leicht beschädigten Seiten (handgeschrie-
ben und vom Verfasser mit grünem Filzstift korrigiert)
sowie eine leere Postkarte mit dem umseitigen Motiv der
Münchener Frauenkirche. Ich habe mich entschlossen,
Rosenhains einzige bekannte und zugängliche literarische
Arbeit – »Warschauers Vermächtnis« ist bis auf den heuti-
gen Tag unauffindbar – herauszugeben, weil sie zugleich
das Dokument eines selbstzerstörerischen Talents und der
großen deutschen Krankheit ist.*
*An dem Text selbst habe ich nichts verändert. Nur der
Titel, der bei Rosenhain »Tschulent mit Warszawski« lautete, stammt von mir, weil ich finde, daß er der Erzählung weitaus gerechter wird. Ein Eingriff, den Fritz Rosenhain gewiß gutgeheißen hätte.*

New York, den 14. 9. 19**   *Hermann Warschauer*
                               (Columbia University)

Der letzte Augenblick der Unschuld

Ein Nachwort von Gustav Seibt

Maxim Billers Geschichte ist grell und geschmacklos. Das ist der erste Eindruck. Über weite Strecken scheint es, daß die Figuren groteske Plastikköpfe wie Puppen von ›spitting images‹ tragen. Mit bösem Witz hat Biller in der Gestalt Warszawskis, des jüdisch-amerikanischen Schriftstellers deutscher Abstammung, alle vorstellbaren negativen Eigenschaften einer ›Jewishness‹ nach dem Holocaust versammelt: Warszawski ist selbstgerecht, zynisch, sentimental, gnadenlos schlagfertig, er macht seinen Status als Überlebender zur Grundlage einer literarischen Karriere, die man nur als erpresserisch bezeichnen kann – daher funktioniert sie auch nur in Deutschland –, er zieht erotische Vorteile daraus. Warszawski ist eine Ungestalt, ein Golem, eine Ausgeburt ältester Haßphantasien: Er verführt ein deutsches Mädchen, er ist gräßlich potent; der deutsche Junge, dem er die Freundin ausspannt, empfindet ihn als den Mörder seines Kindes, denn Warszawski bestand auf Abtreibung.

Zudem aber hat Warszawski meistens recht. Er übertreibt hemmungslos, doch er weiß es; daß er jeden Einwand gegen seine Person vorwegnimmt und sich selbst mit der größten Schamlosigkeit charakterisiert, macht ihn nicht leichter erträglich. Was Biller ihm an Beobachtungen und Aperçus zuschreibt, ist tatsächlich gut beobachtet und geistreich; Warszawskis Erzählen ist sentimental, aber doch von schräger Glaubwürdigkeit. Die Erfindung der »Kleiderschrank-Trilogie« ist als satirischer Einfall so gelungen, weil sie mehr ist als das. Sie enthält den ernsten Kern der Geschichte.

Schließlich ist der gealterte, geile, gierige Warszawski ganz Fleisch. Sein Kopf gleicht einem »rohen blutenden Stück Fleisch, das noch kurz vorher an einem Haken in der Kühlkammer gehangen hatte, ein gespenstisches Denkinstrument«. Ein blutig pulsierender Roboter, wie aus einem Horrorfilm.

Sein Gegenüber dagegen, der Deutsche Efraim Rosenhain, ist vor allem ein Seelchen. Daß er einen jüdisch klingenden Namen tragen will, beweist bestenfalls, daß sein verkniffener und äußerlicher Philosemitismus jenes Negativ des Antisemitismus ist, das die Geschichte dann folgerichtig entwickelt. Einer jüdischen Frau ist er nicht gewachsen, er bleibt in der Beziehung zu ihr ein Deutscher, ein materialisiertes Stück deutscher Geschichte, mit dem man nicht leben kann. Da Rosenhain der Erzähler ist, wirkt er gelegentlich eine Spur zu intelligent und witzig, ist selbst sein zu kurz reichendes Durchschauen noch zu wenig ohnmächtig. Die Sympathien werden zunächst jedenfalls auf Rosenhains Seite gelenkt. Er ist der Unterlegene, moralisch – denn er ist Deutscher –, intellektuell und als Mann.

Mit brutaler Offenheit bringt Biller in der ungewohnten Konstellation eines bösartigen, grausamen Juden und eines mitleiderregenden, erbärmlichen Deutschen alle Lügen und Mechanismen des deutsch-jüdischen Mißverständnisses zur Sprache. Das Unterschwellige wird benannt. Die bigotte Willfährigkeit des Kulturbetriebs, das falsche Gefühl, das überall herauslugende ganz andere echte: Biller zeigt das mit bemerkenswerter Vollständigkeit und Gerechtigkeit. Die Zerrbildhaftigkeit der Charaktere entpuppt sich weniger als Darstellungsmethode denn als angemessene Wiedergabe einer Situation, in der Deutsche und Juden alle Unmittelbarkeit im Umgang miteinander eingebüßt haben und nur noch in Rollen und Masken miteinander reden und so verkappt sogar miteinander ins Bett gehen. Nach der Zerstörung ihrer Humanität sind sie einander zu Plastikpuppen geworden. Die Gefühle sind schematisch, denn es sind kollektive, öffentliche Gefühle, keine individuellen Empfindungen mehr. Billers grelle Geschmacklosigkeit ist vermutlich realistisch.

Am Ende der Geschichte hat der Autor sie aber auf eine fiktionsironische Endlosschleife gelegt, die es erlaubt, wie mit einem Schalter die Beleuchtung des erzählten Geschehens zu wechseln. Es könnte sein, daß Rosenhain über das in der Geschichte selbst erkennbare Maß hinaus verrückt war, paranoid. Es ist beispielsweise nicht einmal sicher, ob er seinen judaisierenden Vornamen zu Recht trägt. Der Herausgeber von Rosenhains Erzählung, Hermann Warschauer – als reales Vorbild der Figur Gerhard (Gary) Warszawski erkennbar –, könnte ihm in einem Akt der Bosheit noch postum den deutschen Namen Friedrich gegeben haben, so wie er es schon zu Rosenhains Lebzeiten in einem absichtsvoll primitiven Scherz tat; oder Rosenhains Darstellung dieser brutal-primitiven Scherzhaftigkeit war schon Teil jenes Wahns, an dem er zugrunde ging und dem sich die Grellheit seiner Geschichte verdankt.

Es lohnt sich, dieses Spiel mit der Fiktion so pedantisch nachzurechnen, nicht nur weil dabei die technische Versiertheit von Billers Erzählung erkennbar wird, sondern weil hier der Punkt liegt, an dem der Leser sich entscheiden muß. Bereits am Anfang hatte Rosenhain seine Neigung zu Schwindelanfällen und Zerrbildern einbekannt; seine Geschichte wirkt aber auch plausibel, wenn man diesen optischen Faktor zunächst nicht berücksichtigt, also ihr Gräßliches erst für bare Münze nimmt. Warum soll es nicht auch einmal einen bösen Juden geben, und wer wäre berufener, ihn zu erfinden als ein jüdischer Autor mit all seiner Freiheit? Biller dürfte seine Leser dabei ertappen, daß sie das für denkbar halten; er macht sie zu Rosenhains, die Friedrich heißen, aber lieber Efraim genannt würden und neidisch auf den Holocaust-Gewinnler Warszawski blicken. Und war nicht die Szene am roten Morgen über München mit Vogelschlagen und steigendem Licht, an dem Rosenhains Freundin ihren Schwangerschaftstest macht, so glaubwürdig und seelenvoll wie die Ankunft des KZ-Überlebenden im winterlichen New York bei Warszawskis Eltern? Die Bedeutung von »Warschauers Vermächtnis«, Rosenhains unauffindbarem Manuskript, dürfte in etwas ganz anderem liegen: In dem Triumph, daß er den Leser in die Falle locken konnte – er ist einer ungeheuerlichen Karikatur aufgesessen.

Es ist der Sinn von Fiktionsironie, daß der Realitätsstatus des Erzählten in der Schwebe bleibt. Biller ist einigermaßen hinterhältig mit dem Leser umgesprungen; am Ende entläßt er ihn in die Freiheit und Einsamkeit mit seinen eigenen Gefühlen. »Harlem Holocaust« ist eine Geschichte, die beim wiederholten Lesen immer noch zulegt, an Stärke und Gewicht gewinnt. In Kenntnis des Schlusses muß man von Anfang an jeden Ton neu abhorchen auf seine Falschheit, aber auch die Resonanz überprüfen, die man ihm als Leser bereitet. Diese Erzählung ist ein Instrument, eine Sonde, mit der man allerlei Entdeckungen machen kann. Natürlich darf man nichts für bare Münze nehmen, man hätte es ja wissen können; das Problem ist, man tut es doch und sagt zunächst: diese Geschichte ist grell und geschmacklos.

»Harlem Holocaust« ist perfekt gearbeitet, mit einer Ökonomie gemacht, die man bei Autoren dieser Generation oft vermißt. Die Geschichte vereinigt die Qualitäten eines Denkspiels mit der Unmittelbarkeit und Umweglosigkeit der Short Story, eines Genres, das derzeit niemand in Deutschland so gut beherrscht wie Biller. Daß es bei uns so wenig gute Short Stories gibt, hängt vielleicht mit der Thematik von »Harlem Holocaust« zusammen. Seit dem Judenmord fühlen sich die Deutschen, ob sie es nun zugeben oder nicht, nicht mehr wohl mit sich selbst. Sie haben gute Gründe, einander nicht mehr über den Weg zu trauen. Sie finden sich unsympathisch und nörgeln ununterbrochen an sich herum. Der Holocaust hat eine betonartige Freudlosigkeit über das deutsche Dasein gegossen. Alle Züge der Verquältheit, der Bigotterie, der Bestrafungs-, Rechtfertigungs- und leeren Reinheitssehnsüchte unserer Kultur wurden in einem pathologischen Ausmaß gesteigert und dabei ästhetisch weitgehend fruchtlos gemacht. So ist uns die Leichtigkeit verlorengegangen.

Jedes Erzählen setzt aber eine Leichtigkeit, irgendeine Form von Naivität und Wirklichkeitsvertrauen voraus – was die Theorien der Avantgarde uns auch weismachen wollen. Eine gute Story, die man in ein, zwei Stunden liest, ist nur auf der Basis von Vertrautheit oder sogar Einverständnis mit der Welt machbar – das schließt »Kritik« nicht aus. Eine solche kurze Erzählung, die sich auf die Wirklichkeit einläßt, muß Atmosphäre und Spannung auf Anhieb erzeugen können, sie braucht eine von Autoren und Lesern geteilte und gemeinsam bewohnte Welt. Die amerikanische Lebensform hat diese Eigenschaften des Universalen und Quadratisch-Praktisch-Guten, die die Short Story gedeihen lassen: Stadt- und Vorstadt, die Züge dazwischen, die Highways, die Moral, den Sex, den Ehebruch. Hätte die Antike Short Stories gekannt, es wäre das Genre der römischen Literatur geworden.

Maxim Billers Geschichten haben trotz des Hintergrunds der jüdischen Katastrophe diese Voraussetzungen an guten Lebensformen und guten Gefühlen; ganz oft das pure Mitgefühl mit der Generation der Eltern und Großeltern, wie es ein Jude selbstverständlich aufbringen kann und ein Deutscher eben nur zögernd und zweifelnd. Sie sind, wie wirksame kurze Geschichten sein sollen, ohne weiteres übersetzbar oder nur zufällig in deutscher Sprache geschrieben.

»Harlem Holocaust«, eine der umfangreichsten und vielleicht die ambitionierteste Erzählung, die Biller geschrieben hat, fällt da heraus; sie zeigt eine zerbrochene Wirklichkeit, die ihre Selbstverständlichkeiten eingebüßt hat. Sie tut es erstaunlicherweise aber immer noch in den hellen und schnellen Formen der Short Story. Daß das gelingt, dürfte an dem Moment der Unschuld liegen, um das herum sie gebaut ist. Es entstammt einem der fiktiven Romane Warszawskis und erscheint als Zitat. Es ist der lange Augenblick, in dem der vor den Deutschen im Schrank versteckte Leo Schneider trotz seiner Todesangst eine Erektion bekommt (ausgelöst vom Duft seiner Schwester, die gerade für den Tod eingesammelt wird); anschließend befriedigt er sich in der geleerten und verschlossenen Wohnung. »Hätte ich damals aber schon gewußt, wieviel schwerer in späteren Jahren der Alpdruck des Überlebens auf mir lasten würde, wäre ich sofort wieder ganz ruhig geworden und hätte mir wahrscheinlich noch ein zweites Mal einen runtergeholt.«

Sonderbarerweise hat gerade diese Stelle bei einigen Kritikern Abscheu ausgelöst. Dabei beschreibt sie den rührenden Moment, in dem das Unheil, das sich gerade ereignet hat, noch nicht real geworden ist, sich noch nicht auf das Leben gesenkt hat. Es sind die letzten Sekunden der Unschuld, stehengeblieben in einem versiegelten Raum. Was ist unschuldiger gegenüber dem Massenmord als eine Masturbation, die selbstbezogene Lust mit Hilfe der Vorstellung eines begehrten, geliebten Körpers? Der Holocaust, und das ist das am längsten Bleibende der Katastrophe, hat bewiesen, daß das Leben Tod ist, »daß das menschliche Dasein nur ein feuchter Fussel auf dem Kragen des Schöpfers ist«. Menschen wurden zu Materie gemacht, zu Fett, Kalk, Haaren, sie wurden reduziert auf die chemischen Verbindungen ihrer Physis. Darauf gibt es keine Antwort, weil der Holocaust nichts Theoretisches war. Nur: Der Fussel auf dem Kragen des Schöpfers vermag Lust zu empfinden, sich an sich selbst und der Vorstellung eines anderen zu erfreuen. Das ist ein schwaches Argument, aber ein unwiderlegbares. Maxim Billers Geschichte ist nicht böse; sie hängt am Leben.

Maxim Biller
Land der Väter und Verräter

Erzählungen
Gebunden

16 mitreißende, tragikomische Erzählungen, die zusammen einen Roman dieses Jahrhunderts ergeben – Geschichten über Opfer und Überlebende, Sieger und Besiegte. Über Holocaust und Stalinismus. Über Deutsche und Juden und andere Europäer. Über Leben, Lieben und Sterben ...

VERLAG
KIEPENHEUER
& WITSCH

Maxim Biller
Wenn ich einmal reich und tot bin

Erzählungen
Gebunden

Maxim Biller führt uns in seinen Erzählungen eine Welt
vor Augen, von der wir nichts wissen. Die Welt der 30.000
in Deutschland lebenden Juden, für uns bislang ebenso
exotisch und entfernt wie vor kurzem noch Isaac Bashe-
vis Singers jüdisches Lodz, Warschau oder New York.
Eine verwickelte, in sich geschlossene Welt, die mit ihren
Leidenschaften und Tabus, Schmerzen und Freuden zuerst eine jüdische ist – dann aber, vielmehr noch, das kom-
pakte, kondensierte Modell des menschlichen Mit- und
Gegeneinanders überhaupt.

VERLAG
KIEPENHEUER
&WITSCH

Christian Kracht
Faserland

Roman
Gebunden

Der jugendliche Ich-Erzähler in Christian Krachts Debüt-roman *Faserland* reist durch Party-Deutschland, von Nord nach Süd, durch ein Land, das ihm zusehends fremd und dunkel erscheint. Die nur wenige Tage dauernde Reise ist eine Chronik des Verfalls, witzig, scharfsinnig, voll überraschender Beobachtungen.
Christian Kracht schreibt mit Detailwut, in seinem Haß liegen Humor und Schwermut. Das ist außerordentliche Unterhaltung.

VERLAG
KIEPENHEUER
&WITSCH

Christian Kracht
und Eckhart Nickel
Ferien für immer

Die angenehmsten Orte der Welt
Mit einem Vorwort von Moritz von Uslar
Gebunden

Die Welt ist entdeckt. Aber das Fernweh bleibt. Christian Kracht und Eckhart Nickel haben sich deshalb aufgemacht, für uns die angenehmsten Orte der Welt aufzusuchen.

Mit Vignetten von Dominik Monheim, allen wichtigen Adressen und einer Weltkarte.

VERLAG
KIEPENHEUER
&WITSCH

Andrian Kreye
Grand Central

Menschen in New York
Gebunden

Andrian Kreye arbeitet als Autor und Journalist seit zehn Jahren in New York. In »Grand Central« beschreibt er seine Wahlheimat als die Welt an einem Ort, als die Stadt der Geschichten und Schicksale. Dabei entsteht nicht nur ein Bild von der Hauptstadt der Welt, sondern auch ein Lagebericht von Heute.

Eine atemberaubende Vision vom Leben im 21. Jahrhundert, die weitreichende ethische und philosophische Fragen aufwirft. Ein Buch, dem sich niemand entziehen kann.

VERLAG
KIEPENHEUER
& WITSCH